CAMP
今すぐはじめたい人の
キャンプ
Complete bible of camp
完全バイブル

コールマン ジャパン株式会社
協力

ナツメ社

初めての人のための
キャンプスタイルガイド

キャンプは、出かける場所や遊び、誰と出かけるかによって、楽しみ方も違ってきます。
そこでまずは、代表的なキャンプスタイルを紹介していきましょう。そのスタイルの魅力や注意点が
わかれば、どのように楽しめばいいのかイメージも湧いてくるはずです。

まずは安心して楽しむための心構えを

ひと口にキャンプと言っても、家族で楽しむ「ファミリーキャンプ」、夫婦や恋人同士で楽しむ「カップルキャンプ」、ひとりで楽しむ「ソロキャンプ」など、さまざまなスタイルがあります。一見すると、人数が違うだけで同じキャンプじゃないかと思ってしまいそうですが、それぞれのスタイルによって、楽しみ方のポイントや注意したい点も違ってきます。そこでまずは、それぞれのキャンプではどんな心構えで楽しめばいいのか、どんなことに注意しておくといいのかを説明しておきましょう。そうすれば、初めてのキャンプでもスムーズに楽しむことができると思います。

Style1 ファミリーキャンプ
- 子どもの成長につながる
- コミュニケーションが豊かに

Style2 カップルキャンプ
- 共同作業で仲が深まる
- ふたりでの思い出が増える

Style3 ソロキャンプ
- 自由な時間を持てる
- 行きたいときに行ける

Style1 ファミリーキャンプ

子どものためにまず大人が楽しもう

家族でキャンプへ行くと、普段ゲームのことばかり考えている子どもも、ゲームのことなど忘れてアウトドア体験を楽しみます。外で食べるご飯、家族で楽しむ焚き火、見たことのない満天の星……そんな非日常の体験が、子どもを夢中にさせるのです。

そんな体験を通して、家族間のコミュニケーションが増えるのもキャンプの魅力です。キャンプの中で役割分担を決めれば、子どもも喜んで手伝ってくれます。そして、自分のやるべきことがわかれば、いろいろなところに気がまわるようになっていきます。また、収穫体験で野菜を採ったり、管理釣り場で魚を釣ったりして、それを自分で調理して食べれば、こんないい食育はありません。

だからといって「子どもをいい子に育てるぞ!」と気負う必要はありません。親がキャンプを楽しんでいれば、子どもも一緒に楽しみます。その体験からいろんなことを学んでいくので、親は「教える」のではなく「楽しむ」ことから始めてみてください。

魅力
- 非日常を楽しめる
- 子どもの自主性が育つ

心に余裕があれば失敗も減る

親はつい、子どものためにと頑張りすぎてしまいますが、慣れない設営や料理、遊びなど、すべてに全力だと疲れてしまって、子どもと楽しむ余裕がなくなってしまいます。心に余裕がないと、思い通りにいかないことがあるとイライラもしてしまいます。そんなときにやってしまいがちなのが夫婦げんかです。空気が悪くなってしまって、子どもがキャンプを嫌いになってしまうかもしれません。

また、よくやってしまうのが、手伝いたいと言ってきた子どもに「危ないからあっちへ行ってなさい!」と言って、設営などをしているところから遠ざけてしまうこと。設営に没頭していると、気がつけば子どもがひとりでどこかへ行ってしまって、危ない目に遭っていることもあります。

ですから、子どもにも一緒に、できることから手伝ってもらうようにしてください。そうすれば目の届くところにいてくれるので、安全です。

注意
- 気負ってイライラしない
- 子どもと一緒に作業する

いつもと違うふたりの時間を楽しむ

夫 婦や恋人同士などのふたりで楽しむ「カップルキャンプ」。「ペアキャンプ」などとも呼ばれ、若い夫婦や恋人同士だけでなく、子どもが独立して手を離れ、ファミリーキャンプとはまた違ったキャンプを楽しみたいと始める中高年夫婦もいます。

のんびりと何もせずに過ごしたり、アクティビティをメインに楽しんだり、さまざまなスタイルで、自由に楽しめるのが人気のポイント。

子どものいる家族やグループでは、のんびりするにしても、気を遣うことや心配しなければいけないことが多くなります。でも、気心知れた大人同士なら、気遣いも無用。ふたりの時間を自由に過ごせます。

また、荷物をコンパクトにできるので、クルマの空いたスペースにハンモックなど現地での滞在を向上させるプラスαのグッズを載せることも可能です。

スマホやパソコンから離れて、ふたりの時間を過ごせば、普段できない話ができることも。協力し合って設営・撤収するので、普段よりコミュニケーションが多くなることも魅力のひとつです。

魅力
- 大人同士なので心配がいらない
- 共同作業で親密度がアップ

気遣いせずとも思いやりを持って

気 心知れたふたりなので、気遣いはいらないというメリットがある半面、気を遣わなさすぎてケンカになるということもあるようです。あまり自由にふるまいすぎず、お互いを思いやる気持ちを持つことも大切です。

もしケンカになったら、ふたりなのでほかに逃げ場がなく、険悪なムードになってしまいます。失敗や忘れ物など、些細なことでケンカになることが多いので、気持ちに余裕を持って行動するといいかもしれません。そうすれば小さいことに腹も立たなくなるはずです。

また、ふたりだけのキャンプなので、テントも2人用でいいかと思ってしまいますが、2人用ではちょっと小

さめです。荷物を置くスペースを作るためには、3人用くらいがおすすめです。4～6人用のファミリー向きは設営や撤収の手間がかかるので、避けたほうが賢明。

テントばかりではなく、ファニチャーなども含めて、装備はファミリーキャンプより少し小さめのほうが設営や撤収が楽になります。コンパクトなモデルを探してみましょう。

注意
- 最低限の思いやりは忘れずに
- グッズや装備は大きくなりすぎずに

自由に過ごせる気楽なキャンプスタイル

ク ルマを使った「ソロオートキャンプ」のほかに、自転車やバイクなどの「ツーリングキャンプ」、公共交通機関を使う「バックパックキャンプ」、道具を現地調達する「ブッシュクラフト」などソロキャンプといってもさまざまなスタイルがあります。

しかし共通していえることは、誰にも気を遣う必要がなく、好きなことをして自由な時間を過ごせるということ。とても気楽なキャンプスタイルです。

荷物がコンパクトになるのもメリットのひとつです。荷物が少なければ、出かける準備も楽になるし、キャンプ場での設営・撤収も手間がかかりません。また、いかに荷物をコンパクトにできるかを考えること自体を楽しむソロキャンパーも多くいます。

食事の面では、仲間や家族とのキャンプと違って用意する食材が少なくてすむので、あまりコストのことは気になりません。ひとりだから「いつもよりワンランク上のお肉にしちゃおう」なんて楽しみ方も。また、それとは逆に、インスタントや缶詰だけで済ませてしまうというお気楽な食事もありなのが、ソロキャンプの魅力なのかもしれません。また、最近はソロキャンパー同士が現地で集合して楽しむスタイルも人気です。

> 魅力
> ● 自由に行けて自由に過ごせる
> ● 「ちょっと贅沢」を楽しめる

ひとりだからこそ無理はしない

ク ルマを使う「ソロオートキャンプ」なら無理に荷物をコンパクトにしなくてもいいですが、ひとりなのであまりたくさん準備すると、設営・撤収が大変になってしまいます。やはり無駄を省いたスタイルがいいでしょう。

キャンプ場選びもソロキャンプには重要な要素です。ファミリー向けの区画サイトが多いキャンプ場では、ファミリーキャンパーの中にコンパクト装備のキャンパーがぽつんといると、ちょっと浮いてしまいます。ひとりでのんびり過ごすには適さないかもしれません。

おすすめしたいのは、まわりが気にならない広々としたフリーサイトのキャンプ場、ソロキャンプ向けのサイトがあ

るキャンプ場です。

そしてソロキャンプでは無理をしないこと。ソロキャンプ初心者が最初から上級者の真似をしても上手くいくことはありません。初キャンプでソロキャンプは避け、何度かキャンプ経験を積んでから、準備を万全に整えて挑戦しましょう。リカバーできる準備をお忘れなく！

> 注意
> ● 大荷物での移動・撤収は大変
> ● 自分の力を過信して無理をしない

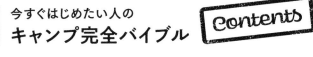

Part1
キャンプの基本を知ろう

Part2 必要な道具をそろえよう

Part 3
キャンプに行ってみよう

Part4
キャンプでの楽しみ方

Part5

道具をお手入れしよう

Part6
初心者におすすめのキャンプ場

知りたいことがすぐにわかる

本書の使い方チャート

「目次を見てもたくさんあって読むのがたいへん」なんて人は
ここで項目をチェック！　知りたいことがすぐに見つかります！

「キャンプ」って実際
どんなものなの？
▶▶▶ P14〜

キャンプで使う
グッズって何？
▶▶▶ P26〜

キャンプに行くには
どうすればいい？
▶▶▶ P76〜

キャンプに行って
何をしよう？
▶▶▶ P124〜

キャンプグッズを
長く使うには？
▶▶▶ P144〜

どこのキャンプ場に
行けばいいの？
▶▶▶ P156〜

Part1
キャンプの基本を
知ろう

はじめてのキャンプを楽しむ前には、
事前にいくつか知っておきたいことがあります。
そんなに難しいことではありません。
"キャンプ"という最高の遊びを楽しむためのコツや
知っておくといいことをお伝えします。

キャンプ=テント泊
をはじめよう

キャンプの宿泊スタイルにはいろいろありますが、初心者にぜひおすすめしたいのが
「テント泊」。楽しむのは設備が整っている安全なキャンプ場ですが、少しだけアウトドアの
テクニックが必要になる、冒険心をくすぐるスタイルです。

日帰り

キャンプ場や公園で
宿泊せずに楽しむスタ
イル。おもに野外料
理を楽しみます。

テント泊

キャンプ場でテントを
張って宿泊するスタ
イル。設備が整っている
ので安全に楽しめます。

いろいろなスタイルのある  とは？

　キャンプとは、一般的に「自然のなかで一時的に生活すること」と捉えられています。しかしひと口にキャンプといっても、さまざまな宿泊スタイルがあります。

　キャンプ場にテントを張って宿泊する「テント泊」、キャンプ場に宿泊はするがコテージなどの宿泊施設に泊まる「施設泊」、宿泊をしないで日中だけアウトドアを楽しむ「日帰り」なども総じて「キャンプ」と呼ばれることがあります。

　本書ではキャンプ場でテントを張って宿泊する「テント泊」を中心に解説します。「日帰り」や「施設泊」よりも少しテクニックが必要で、「ビバーク」ほどサバイバルではない、無理なく挑戦できるのがこのスタイルの魅力です。初めは失敗もあるかもしれませんが、経験を重ねていくうちにスキルも上がり、気がつけばハマっています。次ページからは、実際にキャンプを楽しんでいる人たちをご紹介。自分に合ったスタイルを探ってみましょう。

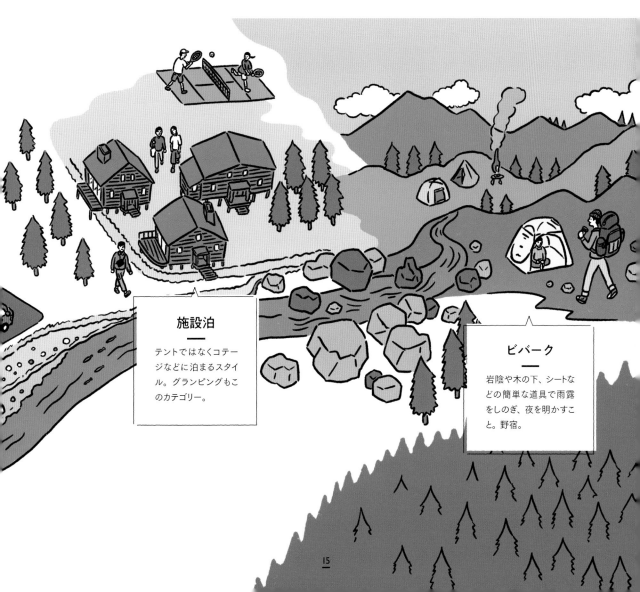

施設泊

テントではなくコテージなどに泊まるスタイル。グランピングもこのカテゴリー。

ビバーク

岩陰や木の下、シートなどの簡単な道具で雨露をしのぎ、夜を明かすこと。野宿。

友人からその家族、仲間たちと楽しみが広がっていく、グループキャンプ。
キャンプの達人が無理なく長く続けられるコツを紹介します。

子どもが
小さくても
助け合える

キャンプ仲間が
集まって
楽しめる

今日は
ふたりで参加!

それぞれの家族を連れてくる
グループキャンプならみんな楽しい

野毛さん
ご一家

神 奈川県内のキャンプギア専門店
「sotosotodays」に勤める野毛さん。
子どもの頃から家族でキャンプに親しみ、今で
は自身の子どもたちを連れてキャンプを楽しむだ
けでなく、キャンプ仲間とのグループキャンプも
行っています。最初は店のお客さんとして訪れ
たキャンプ仲間たちも、家族で、カップルでとさ
まざま。互いに自由に合流して楽しむそうです。

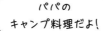

パパの
キャンプ料理だよ！

元は店のお客さんだ
が店で仲良くなりキャ
ンプ仲間に。この日は
赤ちゃんを連れて参加

お姉さんたち、
お水いる〜？

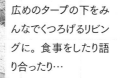

広めのタープの下をみ
んなでくつろげるリビン
グに。食事をしたり語
り合ったり…

「この場所は穴場なの
でいつも空いている。
だから集まれるんです」
と野毛さん

ウチの子たちも
生後すぐにキャンプ
来てますよ

グループキャンプのいい点は、互いの家族同
士が仲良くなって、ファミリーキャンプよりさら
に楽しい時間を過ごせること。子ども同士、奥さん同
士、旦那さん同士で盛り上がったりできます。また、
子どもを見てもらって少し休むなど、ひと家族だけで
はできない助け合いも。おかげでリラックスして心から
楽しめるそう。

　仲間同士とても仲がよく、そして来る時間も帰る時
間も自由という「決まりごとがない気楽さ」が負担に
ならず、続けられるコツのようです。

グループキャンプの心得四カ条

① 必ず事前に場所は確保しておく
③ 子どもの世話も交代で行えばラクラク

② 到着時間はそれぞれの都合で自由に
④ それぞれのスタイルを認め合う

自分が大好きなキャンプ、子どもたちにもぜひ好きになってほしい！
そんな思惑は、成功するのでしょうか？

テントに
泊まるの
楽しい〜！

アメリカ帰りの子どもたちに
キャンプの楽しさを伝えたくて

子どもの頃に父親に連れられてよくキャンプに行っていたという清水さん。子どもにも自然と触れ合う体験をさせたくて、仕事の都合で渡ったアメリカでも各地に出かけていたといいます。そのときはモーテルに泊まっていたものの、日本にはないためテント泊のキャンプを選んだそう。この日は家族みんながくつろげる２ルームテントのお試しのためにイベントに参加。

清水さん
ご一家

18

父 親のおさがりのランタンを使ってレンタルのテントでキャンプをした経験があるため、子どもたちもテント設営は慣れたもの。まだ小さい末っ子を除いて、お兄ちゃんたちはテント設営をお手伝い。さらに、カヌー体験や料理体験などにも積極的に参加し、たっぷりキャンプを満喫しました。清水さんもみんながゆったり過ごせる2ルームテントが気に入って購入を決意、今後も家族でキャンプを楽しむそうです。

パパのテント設営も手伝えるよ

大人ひとりだと手間取る2ルームテントの設営も子どもたちと協力すれば楽々

ペグを打つときはこの角度だぞ

好奇心旺盛な次男はお兄ちゃんを見ながら率先して手伝ってくれる頼れるパートナー

子どもを遠ざけがちなペグ打ち作業も正しいやり方を教えればできるようになる

こっちのポールは入ったよ!

子どもと一緒のキャンプの心得四カ条

1 小さい子からは目を離さない

2 まずはそばについてやらせてみる

3 任せられる部分は任せてみる

4 なにが危険かを理由から教える

テント泊に不安のある奥さんや、小さな子どものいる家庭でも、
キャンプイベントなら安心してデビューできます。

グッズも
そろえていこうかな

なんか楽しい〜!

これなら
ワタシも
できそうです!

松本さん
ご一家

グランピングを経てテント泊デビュー
ママも子どもも大満足のキャンプ

奥 さんと子どもと一緒によく家族旅行を楽
しんでいるという松本さん。旅行＋家
族で自然に親しむ経験を一緒に楽しめるキャン
プを奥さんと子どもにも楽しんでもらおうと思って
いたそう。そこでまずはグランピングでテント泊
を一度経験してもらい、この日はキャンプ泊体
験のイベントに参加。一緒にテントを張り、食事
を作るキャンプを体感してもらいました。

こう？

引いてごらん

子ども向けクラフト体験
で初ノコギリ体験

小さな子が飽きないよういろんな遊
びを準備したという奥さん

上手だね

フー！！

ちょっと疲れた〜

松 本さんの「家族でキャンプを楽しみたい」という思いは大成功。自分たちでテントを張り、料理を作り、アクティビティを楽しむ体験を奥さんも子どもも満喫してもらえたそう。子どもはもちろん、奥さんも大満足で「次は自分たちだけでもできる」と思ってもらえ、キャンプの終了時にはキャンプグッズを買いに行く計画を立てるほどになりました。

キャンプではしゃいでしまう子どもの体力を考
えて休憩はこまめに

小さい子どもと一緒のキャンプの心得四カ条

1 いろんな体験をやらせてあげる　　3 休憩はこまめにとる

2 体力を使わない遊びも用意する　　4 目を離さない

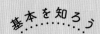

キャンプサイトって何?

キャンプサイトにはさまざまな種類がありますが、
大きく分けると3種類。
その特徴を知っておけば、キャンプ場を予約する際に困りません。

キャンプでよく聞く サイト って?

キャンプ関連の本などを読んでいると「サイト」という言葉がよく出てきます。英語で「敷地」「場所」といった意味ですが、キャンプ用語では「テントを張る場所」のことを指します。「テントサイト」「キャンプサイト」と呼ぶ場合もあります。

キャンプ場によって、サイトの地面はいろいろな種類があります。「芝生サイト」は設備が整った高規格キャンプ場に多く、テントを張ってもフロアが柔らかいので快適です。「草地サイト」はクローバーなどが茂っているサイトで、芝生同様テントフロアが柔らかく寝心地がいいのが特徴です。「砂利サイト」は水はけがよく、雨が降っても水たまりができにくい特徴があります。林間に多い「土サイト」は、芝生や草地と違って夜露で濡れることがないので、歩いていても靴が濡れることがありません。

このようなサイトは、大きく以下の3種類に分けられます。この中のどのサイトを選ぶかで、キャンプスタイルも少し変わってきます。

Point
キャンプサイトには3種類ある

① オートキャンプサイト

区画が決められていて、クルマの隣りにテントを張ることができるサイト。キャンプ場によって区画の広さはまちまちなので、大きなテントやタープを張りたい時はあらかじめ広さを確認しておきましょう。

② オートフリーサイト

サイトに区画がなく、自由にテントとクルマを配置できるサイト。フリーサイトと区別するために、最近使われるようになった呼び方ですが、キャンプ場によっては、単に「フリーサイト」と呼ぶ場合もあるので、予約前に確認しておきましょう。

③ フリーサイト

サイトに区画はなく、クルマはサイトから離れた駐車場に止めて、そこから荷物を運びます。キャンプ場によっては、運搬用リヤカーを貸してくれたり、荷物の積み降ろし時のみクルマの乗り入れOKなところもあります。

オートキャンプサイト

 木やロープ、立木などでサイトが区画分けされていて、そのなかにテントやタープ、クルマを一緒に置くことができるサイトを「オートキャンプサイト」と呼びます。そのなかにも、サイト内でクルマもテントも自由に配置できるサイトもあれば、クルマを駐車する位置が決められていて、それ以外の場所にはクルマを乗り入れてはいけないというサイトもあります。

キャンプ場によって区画の広さが違いますが、10×10mぐらいの広さが一般的。これより広いサイトもありますが、反対に狭い場合もあります。比較的大きなテントやタープを張るつもりの人は、あらかじめ確認しておくといいでしょう。

またキャンプ場によっては、AC電源付きや水道付き、かまど付き、ベンチテーブル付きのサイトもあります。珍しいところでは、東屋付き、風呂付き、カヌー用桟橋付き、ドッグラン付きなどのサイトも！　機会があれば訪れてみたいですね。

> **NOTICE**
> ● サイトが区切られているので、比較的プライバシーが保たれます。
> ● 混雑時でもサイトが確保されているので、ゆっくりチェックインしても安心。
> ● 区画が狭いとタープがはみ出してしまうなど、設営しにくいことも。

オートフリーサイト

 イトに区画がなく、クルマやテント、タープを自由にレイアウトできるのが「オートフリーサイト」。牧草地のような広々としたキャンプ場によく見られるサイトです。

区画にあわせてレイアウトを考えなくていいし、少々大きなテントやタープでもスペースを気にせず張れるので、テントやタープを張り慣れていない初心者に向いているサイトといえるでしょう。

灌木などに囲まれていないので、開放感は抜群です。しかし混雑してくると、区画がないぶんテントの距離も近くなってしまいます。すぐ近くにほかの人がテントを張ってしまうと、プライバシーの確保が難しくなってしまうこともあります。

またキャンプ場によっては「フリーサイト」と呼ぶ場合もあるので、あとに解説するクルマの乗り入れができない「フリーサイト」と混同してしまうことがあります。予約前にクルマの乗り入れが可能なサイトかどうかを確認しておくと安心です。

> **NOTICE**
> ● 決められた区画内にクルマやテントを配置しなくていいので、ゆったりとレイアウトできます。
> ● プライバシーの確保にはテクニックが必要ですが、開放感があるのが魅力。
> ● 混雑してくるとスペースが限られてくるので、場所選びが少し難しくなります。

フリーサイト

区画がなく、クルマを入れることができないサイトを「フリーサイト」と呼びます。

クルマはサイトから離れた駐車スペースに止めなければならないので、荷物を人力で運ぶ必要があります。キャンプ場によっては、荷物運び用のリヤカーを貸してくれたり、荷物の積み降ろしをするときだけはクルマの乗り入れを許可してくれるところもあります。

また「フリーサイト」は、クルマが乗り入れられない

ぶん、料金を安くしているキャンプ場がほとんど。オートキャンプサイトの半額で利用できるキャンプ場もあります。荷物を運ぶことだけをガマンすれば、安い料金で楽しむことができるのも「フリーサイト」の魅力です。

サイトのすぐ横が駐車場というキャンプ場もあるので、運よく駐車場の横にテントを張ることができれば、オートキャンプサイトと変わらず、お得にキャンプが楽しめます。

- ● 区画がないのでスペースをゆったり使えて、開放的なサイト作りができます。
- ● クルマの乗り入れが可能なオートキャンプサイトなどに比べると料金は安め。
- ● 基本的にクルマの乗り入れはできないので、荷物を運ぶ手間がかかります。

知って得する

サイトあるある

同じキャンプをしていても、サイトの環境や地面の違いによって、ずいぶんと印象が変わってきます。そこでここでは、サイトのシチュエーション別に、その特徴を紹介していきましょう。

❶ 「林間サイト」は、日陰が多く夏でも涼しく過ごせるのが特徴。しかし松林のサイトになると、木から落ちるヤニで、クルマやテント、タープに付いてベトベトになってしまうことがあります。

❷ 「草地サイト」や「芝生サイト」は、もともと牧草地であったり、芝生農園だったところがキャンプ場になっているところも。開放感抜群のロケーションで気持ちがいいですが、木陰がない場合が多いので、真夏はタープ下でも暑さを感じるほど、日差しが厳しくなります。

❸ 「砂利サイト」は、川沿いのキャンプ場に多く、水はけがいいのが特徴です。しかし大きめの石が転がっている場合があるので、これに気づかずテントを張ると、寝ているときに背中に当たって「痛っ！」となることがあります。なお、川沿いの場合は台風や大雨だと増水の危険があるので、管理人に確認して必要なら退避します。夜に雨が強くなる場合などは、事前に高台に移動しておきましょう。

❹ 「土サイト」は、地面が締まっていてペグの効きがいいのですが、雨が降るとテントがドロドロになって、撤収が面倒になることがあります。

こんなことを頭に入れておくと、キャンプ場選びやサイト選びのヒントになるので、覚えておきましょう。

Part2

必要な道具を
そろえよう

キャンプに行く前にそろえたいのがキャンプグッズ。
とはいえ、いきなりすべてそろえるのはハードです。
そこでこの part では、
はじめてのキャンプでも現地で困らない
超必須アイテムに絞ってご紹介します。

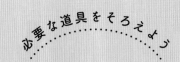

道具選びは過ごし方で変わる

初心者には「どんな道具を選べばいいのかわからない」という人も多いはず。
そこでここでは、キャンプ場での過ごし方から道具選びのポイントを紹介していきましょう。
合わせて、ファミリー／カップル／ソロキャンパーの過ごし方も、実例を挙げて紹介します。

基準となる「物差し」を作ろう

さまざまあるキャンプ道具のなかから、自分にピッタリの道具を見つけるのは大変なこと。とくに初心者は頭を悩ませると思います。そんなときは、選び方の基準となる"物差し"を作ります。人それぞれに物差しがありますが、まずは「参加人数」という物差しを使ってキャンプ道具を選んでみましょう。家族か、カップルか、ひとりかによって、選ぶ道具や数が変わります。

次に考えたいのが「リビングスタイル」です。スタイルは大きく分けて3種類。一般的なダイニングテーブルの高さにそろえた「ベーシックスタイル」、ソファほどの高さのローチェアにそろえた「ロースタイル」、シートやグランドチェアを使って地面に座る「グランドスタイル」です。どんなスタイルで楽しみたいかを思い描くと、選択肢も絞られてきます。

そして重要なのが「収納サイズ」。クルマの荷室に収まるサイズでないと、当然持っていくことができません。また、家の保管場所に収納できるかどうかも、あわせて考える必要があります。

Point 選び方には **3** 種類ある

① 参加人数で選ぶ

まずは何人でキャンプを楽しむかを考えるのが重要です。人数にあったテント、人数分の寝袋やマット、みんなで食事ができるテーブルとチェアなどを考えます。これで必要なものの、おおよそのボリューム感がつかめます。

② リビングスタイルで選ぶ

必要な道具のおおよその見当がついたら、それを好みのリビングスタイルに当てはめてみます。「ベーシックスタイル」か「ロースタイル」か「グランドスタイル」かが決まれば、もう少し具体的に道具が絞れてきます。

③ 収納サイズで選ぶ

人数とリビングスタイルが決まると選択肢も絞られてきます。そのなかから、自分のクルマや家の保管場所に合う道具を選んでいけば、選ぶべき道具が見つかるはずです。クルマや保管場所に余裕があれば、プラスαの道具を選ぶこともできます。

まずはテントとタープの組み合わせを考えよう

ファミリーキャンプのテント選びは、人数に合ったテントを選ぶとともに、タープも一緒に選びます。というのも、テントとタープの組み合わせによって、キャンプスタイルが変わってくるからです。

組み合わせには、開放感抜群でコンパクト収納の「テント＋オープンタープ」、雨や風、虫の侵入を防ぐ「テント＋スクリーンタープ」があります。またテントとスクリーンタープが一体になった「2ルームテント」なら、タープを購入する必要がないので、荷物をコンパクトにすることができます。設営が手軽な「ワンポールテント」も、タープと組み合わせることで快適なリビングスペースを確保できます。

寝袋は家族分を用意しなければならないので、けっこうかさばります。クルマの荷室や家の収納スペースに余裕がない場合は、比較的コンパクトになるマミー型の寝袋がおすすめです。冬のキャンプも検討するなら、ダウンを使用したモデルが保温性が高くおすすめです。

小さな子どもとの3人家族なら、ワイドサイズの寝袋で3人一緒に寝るのもいいでしょう。これなら封筒型2個分のサイズで3人が寝られるので、荷物のコンパクト化にも貢献できます。

マットは、インフレーターマットを人数分そろえるのが一般的ですが、荷物をよりコンパクトにしたいのであれば、エアーベッドという選択肢もあります。

子どもが小さいなら「ハイブリッドスタイル」

ダイニングテーブルは、幅が90cm、120cm、180cmの3タイプが一般的です。4人家族で使うなら、120cmモデルがゆったり使えておすすめです。しかし、卓上BBQグリルを置いたり、大皿料理を複数並べたい場合には、180cmモデルが安心です。頻繁に卓上BBQを楽しむのであれば、BBQテーブルを選択肢に入れてもいいでしょう。天板の高さについては、ほとんどのモデルが2ウェイなので「ベーシックスタイル」でも「ロースタイル」でも対応します。

チェアは「ベーシックスタイル」か「ロースタイル」かによって、選ぶチェアが変わってきます。どちらかは決められないという場合は、テーブルと同じように高さを変えられるモデルを選んでおけば間違いありません。

子どもが小学生の場合は、足が地面に届いて安心感のある「ロースタイル」がおすすめ。しかし、立ったり座ったりを頻繁に行う親は「ベーシックスタイル」のほうが動きやすいです。そこでおすすめしたいのが、子どもはロースタイル、親はベーシックスタイルの「ハイブリッドスタイル」。ベーシックスタイルにはテーブルとベンチがセットになった「オールインワンモデル」を使えば、荷物をコンパクトできるのでかさばりません。

おすすめグッズ

● 2ルームテント P38

● BBQテーブル P47

子供の成長に合わせて行くたびに新しい体験ができるのが、
キャンプの魅力。家族で楽しめば、心に残る思い出に。

思ったよりも
できました！

子どもたちも
楽しそう

家族そろってセカンドデビュー！
キャンプが大好きになった日

土屋さん
ご一家

春 シーズンにキャンプデビューを果たした
という土屋さんご一家。そのときは、は
じめてということもあって「もっと楽しめるように
なりたい」という思いにかられたそう。そこで参
加した今回の初心者向けキャンプイベントでは、
子どもたちと一緒に準備をし、料理を作り、自
然遊びをする楽しさを満喫。幼い姉妹と奥さん
も笑顔があふれる楽しい思い出になりました。

はじめての2ルームテントの設営に取り組む土屋さん。大事な家族のために真剣な表情

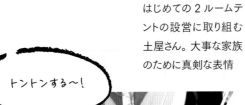

これがこうなって…

トントンする〜！

一生懸命テント設営をするパパとママのお手伝いをしたくなったお姉ちゃん

ママがんばって！

いい運動になるわ

水面近くの視界に興味津々の子どもと一緒にアクティビティで親子カヌー体験をする奥さん

ワタシがつくるの〜

子ども料理体験の準備で張り切るお姉ちゃん。バンダナを巻いて意気込み十分

子どもふたりがキャンプを好きになるか心配でしたが、お姉ちゃんがパパママと一緒にいろいろなことをすることを楽しんでいたのがご夫婦にもうれしい誤算。子ども料理体験やカヌーなども大はしゃぎで満喫していたようです。弟もお姉ちゃんやママと一緒に遊んでキャンプが好きになったとか。家族みんなで楽しい思い出がつくれてご夫婦も笑顔が絶えない一日でした。

はじめてのファミリーキャンプの心得四カ条

❶ 親もはじめてのときは焦らないことが大事

❷ 子どもと一緒に体験する

❸ 体験イベントなどを利用する

❹ なんでもやろうと欲張らずできる範囲を探る

テントやタープはコンパクトサイズを

テントを選ぶ際は、ふたりで使うので小型モデルが設営しやすく、コンパクトに収納できるのでおすすめです。ただし、2人用ではふたりが横になってピッタリぐらいな広さしかないので、荷物などを置くことを考えたら3人用が使いやすい広さです。

4人用のワンポールテントも、ポールが1本なので設営がしやすくてコンパクト収納。こちらを選択肢に入れるのもいいでしょう。

また、子どもが成長してファミリーキャンプに参加しなくなり、カップルキャンプを始めるといった場合、「既に持っているファミリーサイズのテントを使わないともったいない！」と思いがちですが、大きくて設営が大変なモデルなら買い替えるほうがいいでしょう。

寝袋やマットについては、特別コンパクトなものを意識しなくても大丈夫。荷物はふたり分と少なめだし、コンパクトなクルマでもセカンドシートを倒してしまえばかなりの荷物を積むことができます。

荷物が減ったぶんプラスαの道具を

ふたりで食事をしたり、くつろいだりするだけなら、大きなサイズのテーブルはクルマの荷室でもサイトでも邪魔になってしまいます。一般的なサイズのダイニングテーブルなら、幅90cmのモデルが使いやすい大きさです。大きくても120cmモデル程度にとどめておきましょう。

チェアに関しては「ベーシックスタイル」にするか「ロースタイル」にするかで選べばいいでしょう。どちらにも決められないという場合は、高さを変えられるモデルもあります。その場合、テーブルも高さが調節できるモデルを選びましょう。

このようにある程度コンパクトなサイズの道具を選べば、クルマの荷室にも余裕が生まれます。そうすればアクティビティの荷物も積み込めるし、のんびり過ごすための道具も載せられます。

のんびり過ごすための道具でおすすめなのが、リクライニングタイプのチェア。ハンモックやコットなどに横になるのも気持ちいいですが、リクライニングチェアなら体をあずけてリラックスできます。

ほかにもおすすめなのが、野外料理ならではのプラスαの調理器具。スモーカーやダッチオーブンなどがあればより楽しみも広がります。

おすすめグッズ

● スモーカー　　▶P57
● ダッチオーブン　▶P57

より仲が深まるのでキャンプはカップルにおすすめ。
今回はカップルキャンプ初心者のふたりにお聞きしました。

はじめて
だらけで
ドキドキしました

アクシデントも
思い出に
なりました

テントって
こうなって
いるんだ～

山辺さん

テントに触るのもはじめてで知らないことだ
らけでも、彼と一緒にひとつずつトライ

大好きな自然遊びを
ふたりで一緒に

元々自然に親しむのが大好きだった山辺
さん。山登りでキャンプをする人を見て、
自分もやってみたいと思っていたそうです。彼女
と一緒に行こうとまずは BBQ で野外料理を体
験し、テントを購入。その際に手にしたチラシを
見て体験イベントに参加を決めました。テントの
張り方からバーナーの使い方までイチから学べ
て非常に有意義だったそうです。

キャンプにアクシデントはつきものですが、この日の山辺さんもテントのポールが絡まってしまうトラブルが発生しました。コールマンスタッフのおかげで無事に解決し、アクシデント対処の心構えを学べたといいます。ほかにも、キャンプ設営から食事の流れ、グッズの使い方講習など、いろいろなテクニックを教えてもらえて今後のカップルキャンプにも自信がついたそうです。

素材を持ち込み
豪華に仕上げた

ごはんも炊けたね！

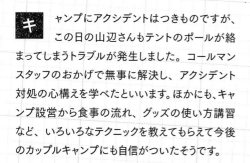

フライパンに残った余熱で
火を通しながら盛り付ける
彼女の手際に感心

はじめてのキャンプ
料理に苦戦しなが
らも、キノコとお肉
たっぷりの肉野菜
炒めが無事に完成

イイ音しているね

今日一日すごく
楽しかった〜

料理も完成して乾杯
するふたり。テント張り
からキャンプ料理まで、
はじめて尽くしの彼女
と協力しながら初の
カップルキャンプを満
喫した山辺さん

カップルキャンプの心得四カ条

① 相手の失敗を責めない

② 知らないことは人に聞く

③ 難しいことは一緒にやる

④ アクシデントも楽しむ

ソロキャンプ

移動手段で選び方のポイントを変える

ソロキャンプなら、1～2人用テントに小さめのオープンタープの組み合わせが、広すぎず狭すぎない、居心地のいい空間を作れます。設営・撤収はひとりで行わなければならないので、なるべく簡単で手間のかからないモデルを選びましょう。

自転車やバックパックなど人力で移動するなら、なるべく体に負担がかからないように、すべてを軽量・コンパクトという視点で選びます。テントならコンパクトに収納できる山岳用テントが最適。

移動がクルマやバイクなら、軽量化よりも機能性を重視すると、快適なキャンプが楽しめます。テントはツーリングテントやワンポールテントが機能的で便利。山岳用テントに比べると重いですが、ゆったりとした前室があるなど、快適に過ごせます。

寝袋やマットを選ぶ際は、バイクの場合は積載量に限りがあるので、なるべくコンパクトなモデルを選びます。寝袋は中綿がダウンのマミー型、マットは収納サイズを優先をして選べば、荷物はかなり小さくすることができます。クルマであれば積載スペースは広いので、大きさは気にせず好きなモデルを選べばいいでしょう。マットの代わりにコットを寝床にすれば、また違った寝心地が楽しめます。

ロースタイルでのんびり焚き火を楽しむ

焚き火台はソロキャンプの必須アイテム。炎をじっと見ているだけでリラックスでき、時の経つのを忘れてしまいます。慣れてくれば焚き火で料理を作ることもできます。焚き火で焼いた肉や魚は、炭やガスとはまた違った、スモーキーな味わいが楽しめます。

また低い位置で薪を燃やすので、ロースタイルやグランドスタイルとも相性がいいです。

テーブルは、チェアと合わせてコンパクトなローモデルを選びます。ひとりで使うだけなのでサイズは必要最小限でOK。広い必要はありません。焚き火の近くで使うのなら、火の粉が飛んでも天板が焦げない金属製天板のテーブルがおすすめです。火から下ろした直後の鍋な

どを置くこともできるので便利です。

チェアも同様、焚き火の火の粉が触れても穴が空きにくい、難燃素材を採用したモデルを選べば火の粉を気にせず焚き火を楽しめます。

おすすめグッズ

● 焚き火チェア　P62

● 焚き火テーブル　P62

キャンプはファミリーでもソロでも楽しめるもの。
ファミリーキャンプで培ったスキルはひとりのキャンプでも大活躍します。

ひとりでのんびり
できるのがいい

何をするのも
自分次第です

ファミリーキャンプを経て
行きついたソロキャンプの楽しみ

椎名さん

キャンプ専門ギア店に転職するほどキャンプが大好きだという椎名さん。子どもが小さいときにはファミリーキャンプにもよく出かけていましたが、学校が忙しくなってキャンプから離れてしまい、自分の時間ができるようになってからひとりで行くように。今はウインドサーフィンをクルマに積んでソロキャンプに出かけるほか、冬キャンプではハンモックも楽しんでいます。

あいにく今日は
雨だけど…

タープが張れれば
あとはすぐですよ

時間がかかりがちな雨天の設営も慣れた手つきで10分もかからず完成

バーナーやクーラーボックスも一人前ならコンパクトなもので十分

ひとり分だと
グッズも
小さくて済む

若い頃の趣味はウインドサーフィンで、レイクサイドにテントを張って楽しむところからキャンプをスタート。その後、子どもを連れてのファミリーキャンプを経て、再びサーフィンや一人の時間を楽しむためにソロキャンプを再開したそう。最近では自分ひとりで必要なモノだけを持って出かけ、思うままに過ごすソロキャンプを満喫しているそうです。

ソロキャンプは
焚き火が一番の
楽しみかな

焚き火はソロキャンプに必須。暖をとるだけでなく見ているだけでリラックスできるそう

ソロキャンプの心得四カ条

❶ 何をするにも自分次第

❷ ひとりでもマナーは守る

❸ 必要なものは最小限で

❹ 好きなときに自由に行く

必要な道具をそろえよう

Bedroom

寝室まわり

キャンプを楽しい思い出にするためには、いかに安眠できるかが重要です。テント内が
快適でなかったり、寒くて寝られなかったりすると、キャンプが嫌いになってしまうかもしれません。
そうならないために、寝室まわりのアイテムはきちんと選びましょう。

テント

安心して寝るために必要な「テント」。選び方のポイントは、何人で使用するかを考えて、
適正な定員のモデルを選ぶこと。そして、どのようなスタイルでキャンプを楽しみたいかを
イメージして、テントのタイプを選ぶといいでしょう。

01

ビギナーに最適
なスタンダード
なタイプ

ドームテント

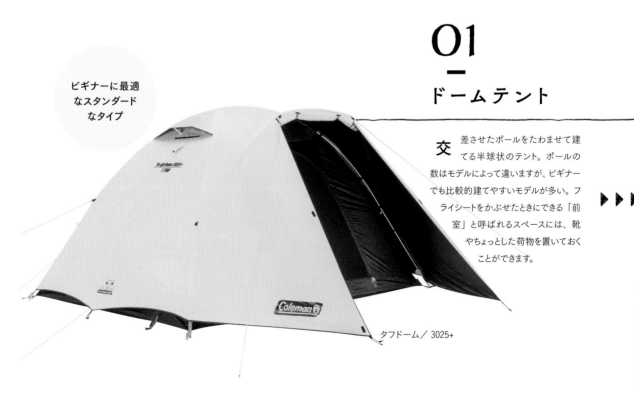

交 差させたポールをたわませて建
てる半球状のテント。ポールの
数はモデルによって違いますが、ビギナー
でも比較的建てやすいモデルが多い。フ
ライシートをかぶせたときにできる「前
室」と呼ばれるスペースには、靴
やちょっとした荷物を置いておく
ことができます。

▶▶▶

タフドーム／3025+

02
ワンポールテント

ポールが少なく
コンパクトに
収納

ポール1本で建てることができる三角形のフォルムが特徴的なテント。「モノポールテント」「ティピー型テント」とも呼ばれています。設営には少々コツが必要ですが、慣れてしまえば簡単に建てることができ、ポールが少ないのでコンパクトに収納できます。モデルによってはインナーテントが別売りの場合があります。

エクスカーションティピー /325

How To Use ワンポールテントの張り方

① インナーテントを広げて固定する

ファスナーを閉めた状態のインナーテントを入口が風下に向くようにグラウンドシートの上に広げ、数字の順にペグで固定する

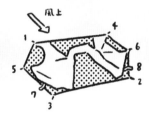

② メインポールをセットする

入口のファスナーを開け、メインポールをセットしてインナーテントを立ち上げ、フロントポールをセットする

③ フライシートをかぶせる

フライシートをかぶせてペグで留め、各所にロープを結び、ペグで固定する。

How To Use ドームテントの張り方

① インナーテントにポールを通す

インナーテントを広げ、スリーブにメインポールを押し入れながら通す。それぞれ片方の端をコーナーに固定する

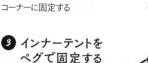

② インナーテントを立ち上げる

テントを寝かせたまま片方のメインポールの残った端をコーナーに固定。もう1本のポールを押し入れながらテントを立たせる

③ インナーテントをペグで固定する

インナーテントの各所フックをかけ、フロントポールとリアバイザーポールをセットしたら、四隅のペグを打つ

④ フライシートをかけてロープを張る

フライシートをかぶせてフックをかけ、ピンと張るようにペグで固定。さらに各所にロープを結びペグで固定する

テント

03
___

2 ルームテント

寝 室のほかに、リビングとして使える広い前室があることから「2ルーム」と呼ばれているテント。広い前室のおかげで、タープを設営する必要がありません。また、寝室とリビングがつながっているので、雨の日でもテントへの出入りが楽にできます。ポールを交差させて建てるタイプと交差させずトンネル状に建てるタイプがあります。

広い前室があるのでタープいらず

タフスクリーン 2 ルームハウス /MDX ＋

How To Use 2ルームテントの張り方

1 リッジポールとメインポールをセット

天井を支えるリッジポールをフライシートにセットし、続けてメインポール2本をクロスするようにスリーブに通す

▶▶▶

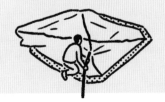

2 フライシートを立ち上げる

メインポールの一方の両端を留め、残りの片端を留めたら、ポールを押し入れながらフライシートを立ち上げる

▶▶▶

3 ミドルポールをセットする

メインポールとクロスするようにミドルポールをスリーブに通していき、それぞれ両端を留めて固定する

フロント側

04
—
ポップアップテント

広げるだけで
あっという間に
設営完了

テ ント本体にバネ状のフレームが内蔵されているので、広げ
るだけでテントが立ち上がる簡単設営モデル。ただし、
収納にはコツが必要になるため、慣れていないと戸惑って
しまうことも。あらかじめ収納の練習をしておくといい
かもしれません。またフレームがやわらかいので大
型モデルはなく、小型モデルのみとなります。

クイックアップドーム /W+

How To Use ポップアップテントの張り方

❶ インナーテントを セットする

インナーテントを広げ、ファスナーを開け
て立たせる。フライシートをインナーテント
にかぶせ、各部を留めて固定する

▶▶▶

❷ 向きを決めて ペグで固定する

入口が風下にくるように位置を決め四
隅、それ以外の順でペグを打ち、テン
トを固定する

▶▶▶

❸ ロープを張って 固定する

ベンチレーションを開け、フライシートの留
め具にロープを結び、テントから1mほど
の位置にペグで固定する

❹ リアポールをセットして テントを固定する

続けてリアポールをスリーブに通し、それ
ぞれ両端を留める。テントの位置と向き
を決めてペグで固定する

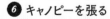

▶▶▶

❺ インナーテントを 吊り下げる

インナーテントをフライシートの吊り下げ
具にそれぞれ留め、吊り下げる。

▶▶▶

❻ キャノピーを張る

キャノピーポールをセットし、キャノピーを
立ち上げてロープを張る

05

グランドシート／
インナーシート

地面からの
湿気の
侵入を防ぐ

地 面からの湿気がテント内に入るのを防ぐ、テントの下に敷くシート。雨などでテントフロアの裏が濡れたり、汚れたりするのも防いでくれるので、撤収が楽に行えます。また、地面が砂利敷きなどの場合、テントフロアが傷つくことを防ぎ、テントを長持ちさせてくれます。テント内に敷くインナーシートは、地面の凸凹を緩和して、冷気を防いでくれます。グランドシートとインナーシートを併用してテント内をより快適にします。

テントシートセット /300

How To Use グランドシート / インナーシートの使い方

● グランドシートは
テントの下に敷く

グラウンドシートは、テントの汚れや濡れを防いだり地面からの冷えを防ぐために、テントの下に敷いて使う

● インナーシートは
テントの床に敷く

地表の凹凸を軽減したり、冷えを防ぐため、インナーテントの床面に敷いて使う

Bedroom

寝袋

寝袋には「封筒型」「マミー型」の2種類がありますが、どちらを選ぶときにもチェックしておきたいのが「快適温度」。その気温なら快適に寝られる目安温度、キャンプ場の最低気温から-5℃を目安に選ぶと安心です。とくに冬にキャンプをするなら、きちんと確認しておきましょう。

01

封筒型

布団のように
ゆったり
寝られる
タイプ

封 筒のような形をした四角い寝袋です。布団のようにゆったりと寝られるので、寝袋に慣れていないビギナーでも、違和感なく寝られます。ただし肩口が広くあいているので、気温が低い場所では寒く感じることもあります。また、収納サイズが大きいモデルが多いので、選ぶ際は大きさもチェックしましょう。

パフォーマーⅢ /C5（オレンジ）

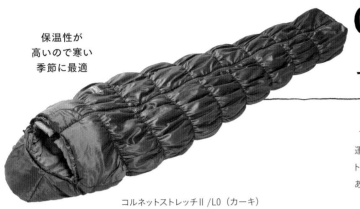

保温性が
高いので寒い
季節に最適

コルネットストレッチⅡ/L0（カーキ）

O2
マミー型

足元へいくに従って細くなる、ミイラ（＝マミー）のような
形をしているタイプ。収納サイズはコンパクトで、持ち
運びにもかさばりません。寝袋内に余分な空間がなく体にフィッ
トすることから、封筒型に比べると保温性が高いという特徴が
あります。

How To Use マミー型寝袋の使い方

● 広げて中に入るだけ

丸まった状態の寝袋を収納袋
から取り出し、伸ばして広げる。
使用時は首元のひもを絞り、
冷気が入らないようにする

● 利便性の高さも魅力

足元のファスナーを開き、背面
のストッパーに留めることができ
たりファスナーを開けて両腕が
出せるモデルもある

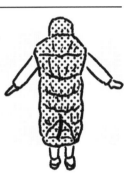

How To Use 封筒型寝袋の使い方

❶ 袋から出して広げる

丸まった状態の寝袋を収納袋
から取り出し、広げる

▶▶▶

❷ さらに広げてファスナーを開ける

縦に二つ折りするための留め具
を外し、左右に広げてファスナー
を開く。ファスナーは中からも開
閉ができる

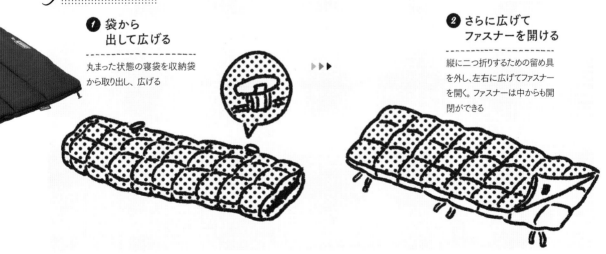

マット・コット

マットは地面の凹凸をやわらげるための必需品。
寝袋の下に敷いたり、寝室の床に敷き詰めることで居住性を高めてくれます。
ただし、クッション性が高いものほどかさばるので選ぶときは注意!

01

インフレーターマット

バルブを
開けるだけで
膨らむ
マット

地 面の凹凸や冷気の侵入を防ぐ、敷き布団のような存在のマット。その中でも人気のあるのが「インフレーターマット」です。内蔵のバルブを開けると自然に空気が入ってフォーム材が膨らみます。クッション性が高いですが、フォーム材が内蔵されているぶん、収納サイズが少々大きめ。

キャンパーインフレーターマット／ Wセット II

How To Use インフレーターマットの使い方

**❶ 収納袋から出して
バルブを開ける**

収納袋から出して広げ、バルブを開けると自然に空気が入り始める

空気↑

**❷ 空気圧を確認し
バルブを閉じる**

置いておけば数分で空気が入るので、空気圧を確認してバルブを閉める。空気が足りなければ口で空気を入れる

テントランタン

着 替えや寝る前の準備をするのに、テント内にも明かりは必要です。ただしテント内は火気厳禁なので、燃焼式ランタンではなくLEDランタンを使用しましょう。テント内を隅々まで明るく照らす必要はないので、小型モデルで十分。天井に吊るして使えるモデルや、調光可能なモデルが便利。

バッテリーガード
LEDランタン 600

CPX6 リバーシブル
LEDランタン III

テント内の
明かりは
LED
ランタンで

コンパクトに
収納できて
便利！

02
エアーベッド

エクストラデュラブルエアーベッド
（シングル）

軽 くてコンパクトに折りたためるエアーベッド。クッション性に優れているため地面の凹凸を感じないでアウトドアでも快適に眠れます。穴が開くと使えなくなるのでパンクに強い構造のものがおすすめ。空気を入れるポンプは必携です。

How To Use エアーベッドの使い方

① 袋から
出して広げる

袋から出してストッパーを
外して広げる

▶▶▶

② 吸入孔から
空気を入れる

吸入孔のキャップを開け、ポンプで空気を入れる

03
コット

地面の影響を
まったく
受けないベッド

コ ンパクトに折りたためるアウトドア用のベッド。マットと違って地面から離れているので、凹凸や湿気、冷気などの影響を直接受けることがありません。また風通しがいいので熱がこもらず、夏も快適に寝ることができます。リビングでお昼寝、ちょっとした荷物置きに使用するのもおすすめです。

バックアウェイコット

How To Use コットの使い方

① 左右に広げる

折りたたまれた左右のフレームを開き、脚を広げる

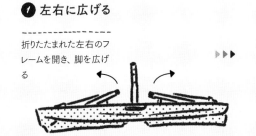

▶▶▶

② 座面を開く

フレームをゆっくりと開き、座面をピンと張る

必要な道具をそろえよう

Living
リビング

日よけ・雨よけのためのタープの下に、テーブルとチェアをセッティングするリビングは、
キャンプ中にもっとも長く過ごす空間。だからこそ、居心地のいい場所にしたいものです。
そのためにどんなアイテムをそろえるべきか、しっかりと考えていきましょう。

タープ

タープには大きく分けると、屋根
となる生地と柱となるポールで構
成された「オープンタープ」、
テントのように建てる「スクリーン
タープ」に分けられます。それぞ
れに特徴があるので、
きちんと理解して選びましょう。

XP ヘキサタープ /MDX

01
ヘキサタープ

建てやすく人気
のあるオープン
タープの王道

六角形の生地に 2 本のポールを使って建てるタイプです。ポー
ルが少ないので建てやすく、収納サイズもコンパクト。それで
いて、日陰になる面積は広いので人気があります。ポールを使ってサイ
ドを持ち上げれば、より開放感を得ることができます。ただしスクリーン
タープに比べると、風に弱いという弱点もあり。

How To Use ヘキサタープの張り方

**❶ センターから両端の
ロープを張る**

タープを広げ、センターの両端からポー
ルの長さぶん離れた場所までロープを
伸ばし、ペグで端を固定する

**❷ センターポールを
立ち上げる**

センターの両端にポールをセットし、ポー
ルを立てる。ポールの脚は地面に垂
直にしてから内側に 20cmほどずらす

❸ 残りのロープを張る

残りの四隅からロープを張る。タープの中
央と隅を結んだ線の延長線上にくるよう
にロープを伸ばすのがきれいに張るコツ

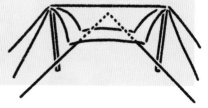

O2

スクエアタープ

大人数に
適した広々
リビング

ウェザーマスター スクエアタープ /L

レクタングラータープとも呼ばれる、長方形の生地と6本のポールを使って建てるタイプ。ヘキサタープに比べると、ポールの本数が多くなるので、収納サイズが若干大きく、そして重くなります。しかし広々とした空間を作ることができるので、たくさんの人数で楽しむグループキャンプに最適。

How To Use

ヘキサタープの張り方の❷のあと
四隅にポールを設置する

O3

スクリーンタープ

雨風に強く、
プライバシーも
確保

テントのように建てるため風に強く、安定感が高いタイプ。サイドにパネルが装備されているので、プライバシーを確保できるのも大きな特徴です。メッシュパネルを装備しているモデルが多いので、通気性を確保しながら、虫の侵入を防ぐこともできます。オープンタイプに比べると収納サイズは大きく、価格も高め。

スクリーンタープ1400

How To Use スクリーンタープの張り方

❶ シェードスキンを広げる

スタンディングテープが留まっているのを確認してからセンターポールをスリーブに押し入れ、それぞれ端を留める

❷ シェードスキンを立ち上げる

ひざで端を押さえながらメインポールの残った端をコーナーに留める。反対側に回り、残りのポールを押し入れて本体を立ち上げ端を留める

❸ センターポールを通す

中央のスリーブにセンターポールを通して両端を本体に固定する

❹ 風向きにあわせて向きを変える

入口を風下向きに本体の向きを調整して、ポールの端6カ所をペグで固定する。必要に応じてキャノピーを張り出す

風

テーブル

食事をしたり、団らんを楽しんだりするときの必需品が「テーブル」。
大きく分けると「収束型」と「折りたたみ型」に分かれています。それぞれの特徴がわかると、
自分に合ったタイプが見えてくるので、購入前に覚えておきましょう。

01

折りたたみ型テーブル

フラットな
天板が
使いやすい！

脚を天板の内側へ折りたたみ、さらに天板を折りたたむことでフラットに収納するタイプ。天板がフラットなので汚れが拭き取りやすく、手入れも簡単に行えます。ただし収納サイズが大きめになるので、クルマによっては積みにくかったり、家庭の保管スペースに入れにくいことも。

ナチュラルモザイクリビングテーブル /120 プラス

How To Use 折りたたみ型テーブルの使い方

❶ 開いて四隅の脚を開く

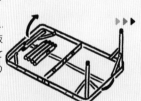

留め具をはずして天板を開き、折りたたまれている四隅の脚をしっかりと最後まで開く

❷ 四隅の脚を延長する

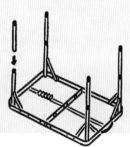

テーブルの裏面に固定されている脚の延長パーツをそれぞれの脚にセットする

ナチュラルウッド
ロールテーブルクラシック /110

02

収束型テーブル

細長くたためる
コンパクトタイプ

脚部は4本の脚を1カ所に集めるようにたたみ、天板はロールアップして収納するタイプ。細長くたためるのでかさばらず、クルマへの積み込みも楽に行えます。ただし天板には隙間があるので、液体をこぼすと拭き取りにくかったり、細かいものが隙間から落ちてしまうことも。

卓上BBQ派には
便利な
テーブル

03
BBQ テーブル

テーブル天板の一部が下がり、BBQ グリルを天板面に合わせてセットすることができる、卓上 BBQ 仕様のテーブル。通常のテーブルとしても利用が可能です。折りたたみ型であることがほとんどなので、収納サイズは少々大きめになりますが、卓上 BBQ を楽しむならあると便利な 1 台です。

ナチュラルモザイク
BBQ テーブル /110 プラス

How To Use BBQ テーブルの使い方

❶ 折りたたみみ型テーブルのように組み立てる

01の折りたたみ型テーブルと同様に 6 本の脚を組み立て、BBQ グリルを置く場所の天板をはずす

❷ グリルを置く場所をセットする

内側に収納されていたフレームを引き出し、その上に板を載せる

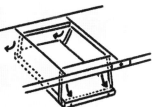

04
オールインワン

荷物を
コンパクトに
するならコレ

テーブルとベンチがセットになったタイプが「オールインワン」。テーブルとベンチがつながっているものではなく、セパレートタイプが使いやすくておすすめです。テーブル内にベンチが収納できるタイプ、ベンチ内にテーブルが収納できるタイプがあります。

ナチュラルモザイク
ファミリーリビングセットプラス

How To Use 収束型テーブルの使い方

❶ 折りたたまれた脚を伸ばす

袋から取り出し脚部パーツを先にセットする。蛇腹状にたたまれた脚を左右に伸ばして広げる

❷ ポールをセットする

左右に伸ばした脚の各部をつなぐポールをセットし、テーブルの底面を支える枠を作る

❸ 天板を広げる

巻かれていた天板を、❷でセットした枠の上に広げながら、枠の位置に合わせて敷く

チェア

食事に適したタイプ、くつろぐのに向いたタイプなど、チェアにはさまざまなものがあります。
さらには「収束型」「折りたたみ型」といった収納の方法が違うものもありますので、
まずはその特徴を知っておきましょう。

01

収束型チェア

4本の脚を1カ所に集めるようにして、細長くたたむタイプ。収納サイズがコンパクトになるので、狭い荷室のクルマへも積みやすく、家での保管でも場所を取らずにすみます。ただし、折りたたみ式に比べると座面の張りが少なく、お尻が包み込まれるような座り心地になります。

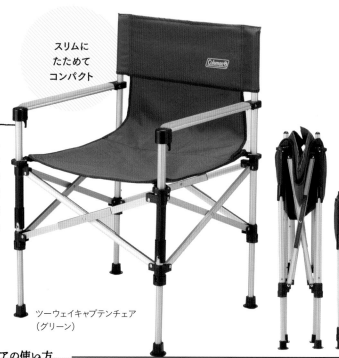

スリムに
たためて
コンパクト

ツーウェイキャプテンチェア
（グリーン）

How To Use 収束型チェアの使い方

❶ 袋から取り出し脚を広げる

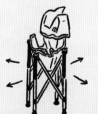

座面が折りたたまれた状態から脚を2本つかんで左右に広げる。この時は少し緩めでOK

❷ ひじ掛けをセットする

チェアの背の左右のポールにひじ掛けパーツをセットする

❸ 背面をセットする

背もたれの左右の端部分を背面のフレームにセットする

❹ ひじ掛けを固定する

脚をしっかりと伸ばして座面を張り、ひじ掛けの前部分をフレームにはめ込んでしっかり固定する

快適な
座り心地が
魅力のチェア

サイドテーブル付
デッキチェア ST（レッド）

02
折りたたみ型チェア

チ ェアの左右を合わせるようにして、フラットな形状にたたむタイプ。収束型に比べると、収納サイズが大きめになってしまい、荷室の狭いクルマに積み込む場合は、少し工夫が必要になります。しかし、ピンと張られた座面は座り心地抜群。お尻の沈み込みが少ないので、長時間座っていても快適です。

03
ローチェア

足を伸ばして
座れる
ロータイプ

ロ ーテーブルと組み合わせて「ロースタイル」のリビングを作ることができる、座面高の低いタイプ。ベーシックなリビングチェアの座面高が約45cmなのに対し、ローチェアは30cm前後とソファに近い高さなので、足を伸ばしてゆったりと座ることができます。焚き火を囲んで団らんを楽しむ際にも、ちょうどいい高さです。

コンパクトフォールディングチェア
（レッド）

背もたれ付きが
最近のトレンド

リラックスフォールディングベンチ（オリーブ）

04
ベンチ

大 人2名で座ることのできるベンチには、背もたれの付いているタイプと背もたれのないタイプがあります。コンパクトで運びやすいのは背もたれのないタイプですが、最近のトレンドは、リラックスして座れる背もたれ付き。カップルや親子で、キャンプの時間をのんびりと過ごすのに最適です。

ランタン

夜になると真っ暗になるキャンプ場では、サイトを照らすランタンは必需品です。
大きく分けると、ガスやガソリンを燃料に使う「燃焼式ランタン」、電池を入れて使う
「LEDランタン」の2種類があるので、特徴に合わせて使い分けるといいでしょう。

外気温に
左右されず
大光量

チューブマントル

01
ガソリンランタン

精 製度が高い「ホワイトガソリン」を燃料に使うランタン。使用前に燃料タンクに圧力をかけるポンピングという作業が必要。しかし、LPガスランタンに比べ外気温に左右されず、安定した明かりを提供してくれるので、寒い時期にキャンプをするなら持っておきたいアイテムです。

ノーススター チューブマントルランタン

How To Use ガソリンランタンの使い方

**❶ 燃料を入れて
ポンピングする**

ホワイトガソリンを入れ、ポンピングして空気を送り込む。手ごたえが固くなればOK

**❷ マントルを取り付けて
火をつけて灰にする**

マントルを灰にする「から焼き」を行い、燃え尽きたら崩れないようにグローブとベンチレータを取り付ける

**❸ 着火したら追加で
ポンピング**

着火ボタンを押してからバルブを開いて着火する。マントルの光量が安定するまで空気圧を追加する

手軽に使えて
ビギナーにも
最適

O2

LPガスランタン

2500 ノーススター
LP ガスランタン
（グリーン）

「ア ウトドアガスカートリッジ」や「カセットガスカートリッジ」に封入された LP ガスが燃料となるランタン。点火スイッチを押しながら燃料ツマミを回すだけで点火できるので、ビギナーでも簡単に扱えます。ただし気温が低いときに連続使用すると、気化熱の影響でカートリッジが冷えて十分な明るさが得られないことも。

How To Use LP ガスツーバーナーの使い方

❶ ガス缶とマントルを取り付ける

ガス缶を装着し、マントルを取り付けるためにベンチレーターとグローブを外す

❷ 取り付けたマントルを灰になるまで燃やす

マントルを取り付けて下部から火をつけ、真っ白な灰になるまで燃やす。（燃え尽きると火は消える）

❸ ツマミをまわして着火する

グローブとベンチレーターを元に戻して固定し、自動点火装置を押しながら燃料ツマミを左にゆっくり回して着火

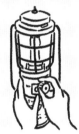

O3

熱くならない
のでどこでも
使える！

LEDランタン

乾 電池や充電池で LED を発光させるので、燃料式ランタンと違ってテント内でも使えるのが魅力。テーブルの上で使っていて、万が一触ってしまっても、ヤケドをする心配がありません。ただし燃焼式ランタンに比べると照度の低いものが多いので、サイト全体を照らすにはちょっと物足りません。

クアッド マルチパネルランタン

両手が
空くので暗い
夜道も安心

バッテリーガード
LED ヘッドランプ /300

O4

ヘッドランプ

夜 にトイレや炊事場へ行く際にあると便利なのがヘッドランプ。両手が空くので食器などを持って歩くこともできるし、つまずいて転びそうになっても、両手が空いていれば安心です。子どもには首が疲れにくい、小さくて軽いモデルがおすすめです。

必要な道具をそろえよう

Kitchen
キッチンまわり

キャンプの楽しみのひとつ「アウトドアクッキング」。充実した装備をそろえておけば、
さまざまな調理に対応できるようになります。ここではキッチンまわりに必要なアイテムを紹介。
それぞれの特徴を知ってそろえてみましょう。

バーナー&グリル

キャンプでBBQを楽しむなら「BBQグリル」、家庭のようにさまざまな料理を作りたいなら
「ツーバーナー」は必需品。楽しみたいアウトドア料理に合わせて、アイテムを準備しましょう。
両方準備するのも、もちろんありです!

ハイパワーで
安定した火力が
得られる!

413H パワーハウスツーバーナーストーブ

01
ガソリン
ツーバーナー

ホ　ワイトガソリンと呼ばれる精製度
の高いガソリンを燃料とするツー
バーナー。ポンピングという燃料タンクに
圧力をかける作業が必要となりますが、
気温に左右されず、長時間高火力が得
られます。調理中、高温になってしまう
鉄板を載せての調理が可能なのも、この
タイプならではのメリットです。

▶▶▶

クラシック
アイアングリドル

02
―
LPガスツーバーナー

ガ ス缶に入ったLPガスを燃料に使うツーバーナー。ガス缶を装着して、燃料つまみをまわし、点火するだけで簡単に使えるので、ビギナーも安心して使えます。気温が低いと火力が低下してしまうこともありますが、寒い場所や季節でなければ問題なく使えます。ガス缶なので輻射熱の高い鉄板などを使うのはNG！

パワーハウス LP ツーバーナーストーブ II

How To Use LPガスツーバーナーの使い方

❶ 脚部を広げて立たせる

脚部を開いて自立させてから、風防を開く

▶▶▶

❷ 風防をセットする

サイドの風防は本体とのジョイント部分にしっかりと差し込み、セットする

▶▶▶

❸ ガス缶を装着する

底面にガス缶を装着し、自動点火装置を押しながらバルブをまわして着火する

How To Use ガソリンツーバーナーの使い方

❶ 燃料タンクを取り出す

風防を開けて五徳を外し、燃料タンクを取り出して水平な場所に置き、ホワイトガソリンを入れる

▶▶▶

❸ 燃料バルブを徐々に開けながらライターなどで着火

燃料タンクを取り付け、サブバーナー（左側）の燃料バルブを閉じた状態でライターの火を近づけ、燃料バルブを徐々に開けながら着火

▶▶▶

❷ ポンピングして空気圧を高める

燃料バルブをオフにして燃料タンクのポンプノブを左にまわしてゆるめ、ノブの穴を塞ぎながら固くなるまでポンピングをする

❹ 追加のポンピングで火力を安定させる

着火したらポンピングを行い、火力が安定したところで点火レバーを下向きにする

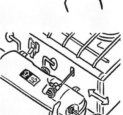

BBQ を
楽しむなら
必携のアイテム

クールスパイダー
プロ /L ファン

クールステージ
テーブルトップグリル（グリーン）

03
BBQ グリル

お　手入れが簡単なガス式のグリルもありますが、炭火で楽しめるのがこのグリル。BBQ グリルには立ったままで調理ができる「スタンドタイプ」と、テーブルの上で使える「卓上型」があります。4 人以上で本格的に楽しむなら「スタンドタイプ」、3 ～ 4 人の家族なら「卓上型」がコンパクトで使いやすいサイズです。

How To Use　BBQ グリルの使い方

❶ 本体に脚を　セットする

網を外して中に収納されている脚を取り出してセットする。網ではなく付属の鉄板をセットすれば鉄板焼きも

▶▶▶

❷ 引き出しの中に　炭を置く

炭おこし（P64）などで火をつけた炭を引き出しの中に入れる。炭の量と並べ方で火力の調整ができる

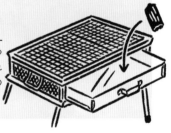

04
シングルバーナー

あると便利な
コンパクトな
バーナー

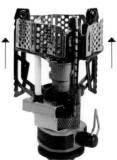

登　山など、荷物をコンパクトにしたい場合に使われるバーナーで「ワンバーナー」とも呼ばれるアイテム。ファミリーキャンプでも「もうひと口、バーナーがほしい」「ちょっとお湯だけ沸かしたい」なんていうときにあると便利です。ツーバーナー同様、ガソリン式と LP ガス式の 2 種類があります。

ファイヤーストーム

キッチンテーブル

食事などをするリビングテーブルと違って、調理に適した高さに設計されたキッチンテーブル。
ツーバーナースタンドや棚、ランタンハンガーなどと一体になっているモデルもあるので、
効率よくキッチンをレイアウトすることができます。

01
キッチンテーブル

アウトドア料理を
楽しむなら
ほしい1台

オールインワンキッチンテーブル

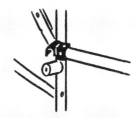

リビングテーブルの高さは 70cm 前後が一般的。その高さで調理をすると、腰をかがめなければならないので、長時間作業をしていると腰が痛くなってしまいます。しかしキッチンテーブルの高さは 80cm 前後。屈む必要がないので、楽に調理ができます。本格的にアウトドア料理を楽しみたい人は、持っておきたいアイテムです。

How To Use キッチンテーブルの使い方

① キッチンテーブル部分を組む

キッチンテーブル部分の組み方は、リビングテーブルとほぼ同じ。違うのはバーナースタンドやランタンを吊るすバーや棚がある点

▶▶▶

② 付属ツールをセットする

キッチンテーブルの脚部に引っ掛けたり、留め具で接続するパーツを取り付けていく

02
ツーバーナースタンド

ツーバーナーを
使うならセットで
用意を

キッチンテーブルまでは必要ないという人でも、ツーバーナーを使うなら持っておきたいのがツーバーナースタンドです。これがないと、バーナーがリビングテーブルを占有したり、地面に直接置いて使うことになるので、ツーバーナーを購入する際は、セットで購入するようにしましょう。

ツーバーナー
スタンド

クッカー

さまざまなアウトドア料理を楽しむために欠かせないのがクッカー。鍋やフライパンなどが
セットになったクッカーセットをはじめ、1台あれば何でも作れるダッチオーブン、
ご飯炊きが得意なクッカーなど、いろいろな種類があります。

O1 クッカーセット

大

迷ったら
まずは**クッカー
セット**から

小鍋やフライパンなど、調理に必要なクッカーがセットになっています。ハンドルが取り外せて、いちばん大きな鍋にほかの鍋がすべて収まってしまうオールインワンタイプなので、収納もかさばらず、持ち運びも楽にできるのが特徴です。クッカー選びに悩んだら、クッカーセットを選んでおけば間違いありません。

アルミクッカーセット

O2 ライスクッカー

ッ

直火でご飯を
上手に炊ける

アルミライスクッカー
▼

ーバーナーやシングルバーナーの火で、ご飯を炊くことができるクッカーです。普通の鍋でご飯を炊くこともできるのですが、火加減や火を止めるタイミングなど、コツが必要です。しかしライスクッカーなら、火力調節が不要で、吹きこぼれしにくい構造なので、誰でも簡単においしいごはんが炊けます。

How To Use ライスクッカーの使い方

**❶ 人数分の米と
水を入れる**

米を入れ（無洗米がおすすめ）、その量に合わせ水を入れて吸水させる

▶▶▶

**❷ 中ぶたを入れて
ふたをする**

セットでついている中ぶたをして次いで外ぶたを閉める。そのままバーナーにかけて炊き上がるのを待つだけ

03
ダッチオーブン

1台で何でも
作れる万能の
鉄鍋

ダッチオーブン SF/10インチ

煮る、焼く、蒸すなど、さまざまな調理
ができる鋳鉄製の万能鍋ダッチオーブ
ン。炭火を使って上下から加熱して、食材を
オーブン調理できるのは、ダッチオーブンなら
ではの調理法です。使いこなすほどに料理の
レパートリーが広がる、アウトドア料理を楽しく
してくれるクッカーです。

04
スモーカー

コンパクトスモーカー

いつもの
食材が
本格的な燻製に

チーズやゆで卵、ソーセージといった普段食べてい
る食材が、スモークすることでちょっと高級な味わ
いになります。そのままでも食べられる食材から始めて、慣
れてきたらベーコンや魚の燻製など、本格的な燻製作りに
チャレンジしてみましょう。煙を作るスモークチップやスモー
クウッドの種類によって、風味も違ってきます。

✍ *How To Use* スモーカーの使い方

❶ スモークチップを
セット

アルミホイルを敷いてその上に
スモークチップを敷く。このときア
ルミホイルからチップがはみ出
さないよう注意

❷ 網をセットし
食材を置く

中段に網をセットし、その上にス
モークしたい食材を並べる。上
段にも網を置けるので二段組
でスモークが可能

❸ 水を入れて
火にかける

閉めた外ぶたのわきから水を
注ぎ込み、火にかけて煙が上
がるのを待つ。火はバーナー
でも焚き火でも

❹ 十分に燻したら
完成

食材の量や種類、チップの量
などによって完成までの時間は
異なるが、手軽なものなら10
～30分くらいで完成する

クーラーボックス

クーラーボックスには大きく、保冷力に優れた「ハードクーラー」と、
携帯性に優れた「ソフトクーラー」の2種類に分けることができます。
それぞれの特徴を知って、シーンに応じた使い分けをしましょう。

01
ハードクーラー

ハードクーラーは保冷力が高く、ボックス形状なので
食材を衝撃から守ってくれます。4人家族で1泊2
日のキャンプなら、容量が50L前後のモデルがおすすめ。
人数や日数が増える場合、容量を増やしてもいいですが、
小型クーラーやソフトクーラーを追加して、食材用とドリン
ク用に分けるなどすれば、使い勝手がよくなります。

保冷力に優れた
ボックス型の
タイプ

エクストリームホイールクーラー /50QT
（アイスブルー）

How To Use　ハードクーラーの使い方

**❶ 50QTなら1.5ℓボトル
10本以上の収納力**

ハンドルを閉じて開閉して使う。大
型ならたくさん入るが、氷を入れる
スペースを残しておくのがおすすめ

❷ ホイールを伸ばす

移動するときはハンドルを引き上
げて旅行ケースのように運ぶ。砂
利道や凸凹の地面でもホイール
が大きいタイプだと動かしやすい

02
ジャグ

真夏の
ファミリーキャンプ
に大活躍

暑い季節は飲み物がいくらあっても足りないほど。しかし飲み物を取るたびにクーラーボックスを開閉していると庫内温度が上がってしまい、食材の保存にも影響が出てしまいます。そんなときに便利なのがジャグ。ワンタッチで飲み物を注ぐことができるし、保冷力が高いので氷を入れておけば長時間冷たいドリンクを楽しめます。

ビバリッジクーラー
5ラウンド（ブルー）

How To Use ジャグの使い方

① ふたを開けて 中にそそぐだけ

ふたを開けて水やジュースを入れるだけと準備は簡単。容量が大きいので麦茶のパックや粉ジュースを入れて使うのがおすすめ

② 便利なボタン プッシュ式も

蛇口はストッパーをひねるタイプや上から下に降ろすタイプなど様々。ボタンプッシュ式だとうっかり開けっ放しなどが防げて便利

03
ソフトクーラー

エクストリーム
アイスクーラー 35L

使わないときは
コンパクトに
たためる

ハードクーラーに比べると保冷力は低いですが、1泊程度のキャンプなら十分な性能。ふだんのレジャーにも活用できます。また、使わないときはコンパクトにたためるのも、ソフトクーラーのメリットです。大きめのハードクーラーには食材を、ソフトクーラーにはドリンクを入れて使い分けるのも賢い方法です。

How To Use ソフトクーラーの使い方

① 面ファスナーを外 して開く

使うときは面ファスナーの留め具を外す。35ℓサイズは2ℓのペットボトルが約12本入る大容量

② 中敷きを 敷くだけで簡単

開いたあとは中敷きを敷くだけでセット完了。断熱材の厚みと外側の素材により保冷力は変わってくる

必要な道具をそろえよう

Bonfire

焚き火空間

焚き火は、普段の生活では体験できないキャンプならではの楽しみ。近年は寒い季節だけでなく、
一年を通して楽しむ人が増えてきました。暖を取るだけでなく、食事を作ったり、
団らんを楽しんだり、さまざまなスタイルで焚き火の魅力を味わってください。

焚き火台

地面で直接焚き火をする「直火」は禁止でも、焚き火台を使った
焚き火は OK とするキャンプ場はたくさんあります。地面に熱を伝えず、灰の始末も簡単に
できる焚き火台は、焚き火を楽しみたいなら必ず準備しておきたいアイテムです。

煙突効果で
燃焼効率が
高いタイプ

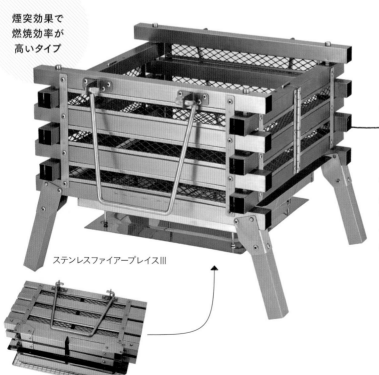

ステンレスファイアープレイスIII

01
箱型焚き火台

箱 型ボディの焚き火台は、本体下部
から空気を取り込み、暖かい空気
を上昇させて効率よく燃焼させる「煙突効
果」で薪の焼け残りが少なく、灰になるま
で完全に燃焼するので後片付けも簡単で
す。ゴトクや焼き網が載せやすく、調理し
やすいのも箱型焚き火台の特徴です。

O2
—
皿型焚き火台

簡単に
セッティング
できるのが魅力

皿 型やプレート型の火床に脚が取り付けられたタイプ。脚を広げるだけという簡単セッティングのモデルが多く、初心者でも気軽に使えます。継ぎ目のない円形のため強度が強く変形しにくい。さらに掃除もサッと拭くだけで終わるので時短にも。

ファイアーディスクプラス

How To Use 皿型焚き火台の使い方

❶ 裏返して脚を起こす

脚を広げる。円型やプレート型でもこのタイプは背面に脚が収納されていることが多い

▶▶▶

❷ 安定を確認

ひっくり返して地面に置いて脚が緩んでいないかを確認する

How To Use 箱型焚き火台の使い方

▶▶▶

❶ 四隅の脚を出す

二辺が折りたためるタイプの場合、まず最初に脚を伸ばす

▶▶▶

❷ 二辺を伸ばして箱型にする

折りたたまれた側板を広げ BOX 状にして、底網をセットして安定させる

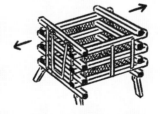

▶▶▶

❸ 灰受けをセットする

灰受けが引き出し式のタイプは引き出し部分に灰受けをスライドさせて入れる

― 焚き火ファニチャー ―

焚き火の近くでファニチャーを使う場合、火の粉でチェアの生地に穴が空いたり、
テーブルの天板が焦げたりすることがあります。そんなことがないように作られているのが
焚き火ファニチャーです。火の粉を気にすることなく焚き火を楽しむなら必携です。

01

焚き火テーブル

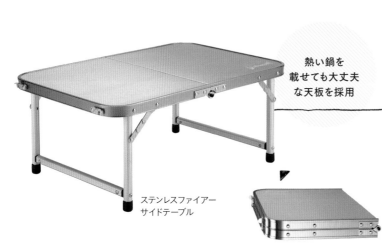

熱い鍋を
載せても大丈夫
な天板を採用

ステンレスファイアー
サイドテーブル

木製やプラスチック製の天板を採用したテーブル
は、焚き火の近くに置いておくと、火の粉で焦
げたり、溶けたりすることがあります。しかし、ステンレ
ス製天板を採用した焚き火テーブルなら、焦げたり溶
けたりすることもなく、安心して使えます。火にかけた熱
い鍋を置くこともできるので、焚き火料理にも最適です。

02

焚き火チェア

火の粉が飛んで
きても穴空きの
心配がない

コンフォートマスター
キャンバススリングチェア（ブラウン）

チェアの生地には、一般的にポリエステルが
使われていることが多いですが、焚き火
の火の粉に触れると溶けて穴が空いてしまいます。
しかし焚き火チェアの場合は、生地にコットンなど
の難燃素材を採用しているので、火の粉が飛ん
できても穴が空く心配がありません。ひと晩中焚
き火の近くで過ごしたいという人は必携です。

囲炉裏テーブル

細 長いテーブルで焚き火を囲んで、囲炉裏のようなたたずまいにするのがこのアイテム。とくに焚き火台で調理をしながら食事をする際は、とても便利です。小さな子どもがいる場合は、囲炉裏テーブルが焚き火ガードの役割を果たしてくれるので、必要以上に近寄る心配もありません。

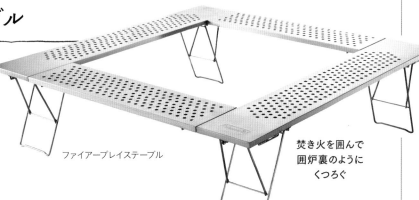

ファイアープレイステーブル

焚き火を囲んで
囲炉裏のように
くつろぐ

How To Use 囲炉裏テーブルの使い方

❶ 裏返して並べる

四辺のテーブルをそれぞれ裏返し、正方形になるように並べる

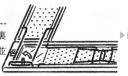

❷ テーブル同士を接続する

板の先端にあるジョイントを差し込み、テーブルを接続する

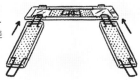

❸ 脚部分を広げて伸ばす

それぞれのテーブルの端にある脚をしっかりと広げる

❹ 裏返せば準備完了

裏返して安定している地面に置いてからまん中に焚き火台をセットする

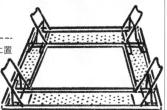

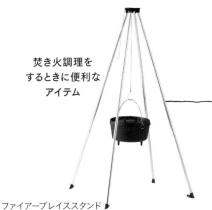

焚き火調理を
するときに便利な
アイテム

ファイアープレイススタンド ▶

焚き火スタンド

ゴ トクのない焚き火台に鍋を置いて調理をすると、安定感が悪く傾いてしまうことがあります。しかしスタンドに鍋を吊るせば、ゴトクがなくても大丈夫。さらに、鍋を吊るすチェーンの長さを変えることで高さ調節ができるので、火力調節も簡単にできます。囲炉裏テーブルと組み合わせれば、まさに囲炉裏感覚で焚き火を楽しめます。

Bonfire

―炭おこし&トーチ―

一度火がついてしまえば長時間にわたって火力を維持できる炭ですが、
薪よりも火をつけにくいのが難点。そこで便利なのが炭用の着火グッズです。
小さくてかさばらず、炭の火おこしに関しては絶大な力を発揮してくれます。

01
炭おこし

本体に炭を入れて火のついた着火剤の上に置けば、簡単に火おこしができるのがこのアイテム。また、炭だけでなく、薪に火をつけることもできます。火おこしのコツを知らなくても着火できるので、初心者でも楽に火おこしができます。また、少々湿った薪でも簡単に着火することができます。

炭だけでなく
薪の火おこしも
簡単

チャコールスターター

How To Use 炭おこしの使い方

❶ 箱型に広げる

折りたたまれた持ち手を動かし、箱型に立たせる

▶▶▶

❷ 底網を降ろす

中に収納されている網を降ろして底面を固定する

▶▶▶

❸ 炭に着火する

着火剤に火をつけて最初に入れ、その上に炭を載せると下部の穴から空気が入り、炭に火がつく

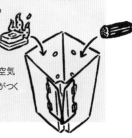

02
トーチ

炭や薪の火力
アップにも
役立つアイテム

コールマントーチ

ランタンやツーバーナーの燃料と同じLPガスを使って、強力な炎を作り出すトーチ。一度着火した炭や薪の火が消えそうになったとき、トーチで炭や薪をあぶると簡単に火力を取り戻します。このほか、燻製作りに必要なスモークウッドの着火、仕上げにあぶって焦げ目をつけたいあぶり調理などにも役立ちます。

Other

その他のアイテム

キャンプには、ほかにもあると便利なアイテムがたくさんあります。
その中でも持っていると役立つシーンが多いアイテムを紹介していきましょう。
キャンプだけでなく、イベントや収納など日常的に使っても OK。

キャリー＆コンテナ

初心者がキャンプでいちばん驚くのは、想像以上に荷物が重いことと小物の多さ。
食器や調理器具などはまとめると結構な重量になりますが、バラバラだと運ぶのにも
手間がかかります。そんなときに便利なのがキャリーやコンテナです。

01

大きな荷物も
楽々運べる
優れモノ

キャリー

ントやテーブル、チェアなど、大きいものや重たい
ものでも一度に運べるのがキャリーです。クルマ
の乗り入れ可能なオートキャンプサイトではあまり出番は
ありませんが、クルマの乗り入れができないフリーサイト、
部屋からクルマまでの荷物運びが大変なマンション暮ら
しの人にはとても便利です。

アウトドアワゴン

02

小物整理には
なくては
ならない名脇役

コンテナ

器やクッカー、燃料、設営グッズなど、キャンプに
はさまざまな小物が必要です。それらを整理する
ためのコンテナは、なくてはならない名脇役です。フタなし
のメッシュコンテナ、フタ付きのコンテナボックス、クッショ
ン性のあるソフトコンテナなど、さまざまな種類があるので、
自分たちのスタイルやシーンに合わせて選んでみましょう。

ベルトコンテナ B II （グリーン）

wear
ウエア

ウエアは重ね着の「レイヤード」が基本。気温や運動量にあわせてウエアを脱ぎ着することで、温度調節を行います。ただし、コットン素材のウエアはNG。汗をかくと乾きにくく、体を冷やしてしまいます。とくに体を動かすアクティビティは体が冷えて体調を崩してしまうこともあるので、速乾素材のウエアを選びましょう。

春・秋

春や秋は寒暖差が激しいので、日中は温かくても、朝夕は寒くなります。
ですから、フリースやインナーダウンのような防寒着は必ず持っていきましょう。
初春や晩秋は寒さが厳しいので、冬のウエアを用意しても大げさではありません。

01
ノーマルスタイル

いちばん下に速乾性の長袖Tシャツ、そのうえに防風性や撥水性のあるアウターを着用しましょう。体をあまり動かさずサイトでのんびり過ごす場合、アウターは中綿入りやフリースなどの暖かいものがいいかもしれません。パンツは薄手だと寒さを感じることがあるので中厚手の長ズボン、必要に応じてアンダータイツをはいてもいいでしょう。

激しい寒暖差に
備えて準備を
しておこう!

通気性も
考えた
レイヤードに

O2
アクティブスタイル

　アクティブに体を動かす場合は、いちばん下に長袖の速乾Tシャツ、そのうえに防風性と通気性を備えた、ストレッチ性の高い薄手のアウター着用しましょう。パンツは長ズボンで、ストレッチ性があるものが快適です。短パン＋レギンスの組み合わせでもいいでしょう。女性は短パンの代わりにキルティングの巻きスカートもおすすめ。

O3
キッズスタイル

遊びまわって
汗をかくことを
前提に

　子どもは大人と比べるとよく汗をかくので、いちばん下には長袖の速乾Tシャツ、そのうえに防風性と通気性を備えたアウターを着るのがいいでしょう。アウターはかぶりのタイプではなく、温度調節や脱ぎ着がしやすいファスナータイプのものがおすすめです。パンツはジャージやスエット素材などの長ズボンがいいでしょう。インナーは着替えが多くなることを想定して多めに。

夏

最近は標高の高いキャンプ場でも盛夏は暑いことが多く、じっとしていても汗が
止まらないなんてこともあります。やはり通気性が高く、できるだけ涼しく過ごせる
服装がいいでしょう。ただし、夏はアブやブユなどの吸血虫が多いので、
多く飛びまわる朝夕の時間帯に備え、長袖・長ズボンも用意しましょう。

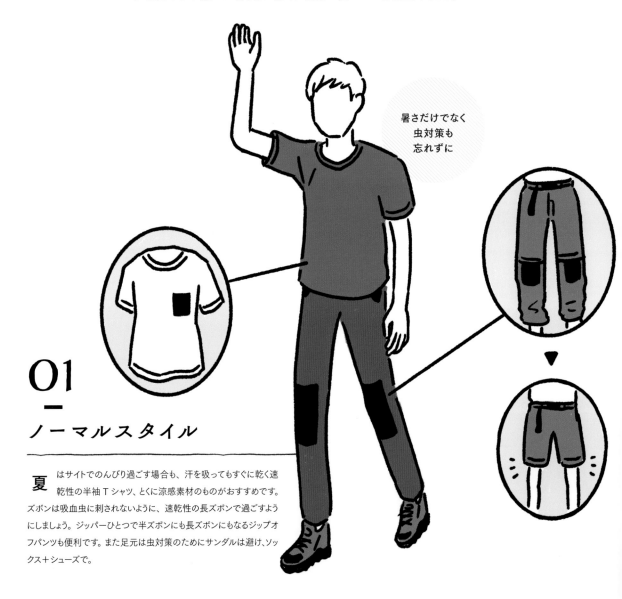

暑さだけでなく
虫対策も
忘れずに

01
ノーマルスタイル

夏はサイトでのんびり過ごす場合も、汗を吸ってもすぐに乾く速
乾性の半袖Tシャツ、とくに涼感素材のものがおすすめです。
ズボンは吸血虫に刺されないように、速乾性の長ズボンで過ごすよう
にしましょう。ジッパーひとつで半ズボンにも長ズボンにもなるジップオ
フパンツも便利です。また足元は虫対策のためにサンダルは避け、ソック
ス＋シューズで。

アクティブに
遊ぶなら涼しい
のがいちばん

02
アクティブスタイル

　ア クティブに遊ぶ場合は、速乾Tシャツに短パン、サンダルといった涼しい服装でOK。ただし、サンダルはビーチサンダルのように薄いものではなく、かかとやつま先をしっかりとガードしているスポーツサンダルを選びましょう。水辺でも滑りにくく、つま先を石や木の根から守ってくれます。

頭を守って
熱中症対策も
忘れずに

03
キッズスタイル

　子 どもの服装も、大人のアクティブな場合と同じく、Tシャツ、短パン、サンダルでOK。Tシャツは速乾性のものでもいいですが、ひっきりなしに汗をかくので、コットンのTシャツを多めに用意して、頻繁に着替えさせてもいいでしょう。また熱中症予防に、後頭部が隠れる帽子も忘れずに。水遊びをするなら、日焼け防止にラッシュガードも。山歩きなど足場が悪い所に行くときはスニーカーと靴下で。

Wear

冬

冬のアウトドアはとても寒いので、保温性を第一に考えた服装にしましょう。
首・手首・足首といった、休温が逃げやすい部分が露出しないようにして、
体温を奪われないようにすることが大事です。
焚き火を楽しむなら、火の粉に触れても穴の開かないコットン素材のアウターがおすすめです。

01
ノーマルスタイル

サイトでのんびり過ごすのであれば、保温性のある速乾長袖Tシャツのアンダーにフリースやインナーダウンを着て、アウターには中綿入りジャケットをはおるとよいでしょう。さらにパンツの上に中綿入りのオーバーパンツをはけば暖かです。帽子や手袋、ウインターブーツといった体の末端を冷やさない装備も忘れずに。女性はキルティングの巻きスカートもおすすめ。

防寒を最優先に
考えた服装で
過ごそう

02
アクティブスタイル

雪 合戦やソリ遊びなどを楽しむなら、アンダーには保温性のある速乾長袖Tシャツのほかにフリースやインナーダウンを。アウターには防風・防水性のあるジャケットを着て、ファスナーの開け閉め、脱ぎ着などで温度調節できるものを選びます。パンツの下には保温性のあるアンダータイツを忘れずに。手袋や帽子も必携です。

温度調節が
簡単にできる
服装で楽しもう

スキーウエアで
リーズナブルに

03
キッズスタイル

子 どもの場合はすぐに体が大きくなるので、スキーウエアと兼用するのもおすすめ。最近は子どもの成長に合わせてサイズ調整ができるモデルがあり、リーズナブルです。アンダーとして速乾長袖Tシャツを着た上にフリースなどの保温性と通気性のあるものを着込みます。ボトムはスキーウエアの下にアンダータイツをはきます。

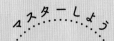

荷物の積み込み基礎知識

荷室に余裕のあるクルマならいいですが、あまり余裕のないクルマの場合、
荷物の積み方に工夫が必要になります。慣れないうちは大変ですが、コツさえつかめば大丈夫。
そこでここでは、知っておきたい積み込みのコツを紹介しましょう。

デッドスペースは作らない

考 えずに荷物を積み込むと、荷物と荷物のあいだに隙間ができてしまいます。この隙間が多いと、積める荷物も積めなくなってしまいます。例えば収納ボックスをいちばん奥に積んだとき、少し倒したシートの背もたれとボックスのあいだには、三角の隙間が生まれます。この隙間にはランタンハンガーなどの細長いものが入ります。また折りたたみチェアを積んだ場合は、重ねた脚部に空間が生まれます。ここにも小物が入るので活用します。このように隙間を埋めるように積み込めば、意外と多くの荷物を収めることができます。

Point

クルマの荷台への積み込みポイント

① クーラーボックスは最後に入れる

ハードタイプのクーラーボックスは大きさもあり、つい一番下に置きたくなるもの。しかし、キャンプ場への途中で食材やドリンクなどを補充することが多いので、クーラーボックスは出し入れしやすいところに置きましょう。

② 隙間を埋める工夫

どんなにきっちり積もうとしてもクルマの荷室と荷物の間には隙間が空くもの。この隙間が移動中に荷崩れを引き起こします。それを防ぐためには、荷物のなかで隙間を埋めるために使えるものを緩衝材として使います。

③ 重い荷物は下のほうに

重たいものが上にあると重心が高くなり、危険です。バーナーやテントなど、重いものはなるべく下に積み、上に行くにつれて軽くなるように心がけましょう。ただし、割れ物などを上に積むときはしっかり固定するように。

クーラーボックスは手前に

キャンプ場へ向かう途中、食材の買い出しにスーパーへ立ち寄ることが多いと思います。そんなとき、クーラーボックスが荷室のいちばん奥に積んであると大変です。スーパーの駐車場ですべての荷物を下ろさなくてはなりません。そんなことにならないように、クーラーボックスは荷室のいちばん手前に積むようにしましょう。そうすれば、買った食材をすぐにクーラーボックスに入れることができます。

できればクーラーボックスの上に荷物を置かないように。置く場合はすぐ動かせるものにしましょう。

Point
- クーラーボックスは途中で買い物をして出し入れすることを考えて出し入れしやすい位置に置く

柔らかいもので隙間を埋める

荷物とクルマのあいだに隙間があると、走行中に荷物が揺れてガタガタと音をたてたり、それが原因で荷室の壁に傷が付いたりしてしまいます。それを解消するためには、寝袋やマットなどの柔らかいものを隙間に詰めるようにします。そうすれば荷物のガタつきがなくなり、デッドスペースを埋めることもできます。

寝袋やマットといった柔らかい荷物は、先に積んでしまわずに、最後のほうに積むようにしましょう。

Point
- マットや寝袋、ブランケットなどの「柔らかい荷物」は最初に積まず、固い荷物を積んだ後に、クルマと荷物のあいだを埋めるために使うように

荷崩れに注意して積む

荷物を積む場合、重いものを下に、軽いものを上に積むようにします。そうすることで重心が低くなり、荷物が安定します。上に載せる荷物は、走行中に崩れることがないようにしましょう。セカンドシートの背もたれの高さよりも上に荷物が置かれていると、急ブレーキをかけたときに、人が座っている方向へ飛んでくる可能性があります。またキャンプ場について荷室のドアを開けたら、ランタンが落ちてきて割れてしまった、なんてことにもなりかねません。そうならないよう、荷物が動かない工夫をしましょう。

Point
- 重心が高いと荷崩れしやすいので重さで積む順番を考える
- 割れ物は上に置くと危ないのでしっかり固定して揺れないように

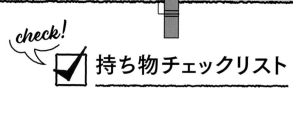

持ち物チェックリスト

リビングまわり

- ☐ タープ
- ☐ テーブル
- ☐ チェア
- ☐ ランタン
- ☐ 燃料（LPガス・ホワイトガソリン）
- ☐ ランタンスタンド
- ☐ ヘッドランプ
- ☐ 予備マントル

キッチンまわり

- ☐ ツーバーナー（シングルバーナー）
- ☐ グリル
- ☐ チャコールスターター
- ☐ ライター（着火用）
- ☐ 燃料（LPガス・ホワイトガソリン・木炭）
- ☐ キッチンテーブル（ツーバーナースタンド）
- ☐ バケツ
- ☐ クーラーボックス
- ☐ 保冷剤（氷）
- ☐ ウォータータンク
- ☐ 調理器具（まな板・包丁・鍋ほか）
- ☐ 食器・カトラリー
- ☐ 調味料
- ☐ アルミホイル・ラップ・キッチンペーパー
- ☐ 食器用洗剤・スポンジ・たわし
- ☐ ふきん・ぞうきん
- ☐ ゴミ袋・ビニール袋・ジップロック

寝室まわり

- ☐ テント（ペグ・ロープ・ハンマー）
- ☐ グランドシート
- ☐ インナーシート
- ☐ 予備のロープ・ペグ
- ☐ 寝袋

- ☐ マット（またはコット）
- ☐ ブランケット
- ☐ LEDランタン
- ☐ LEDランタンの予備電池

ウエア

- ☐ 着替え（下着・靴下・肌着）
- ☐ 帽子
- ☐ アウター
- ☐ レインウエア・雨具
- ☐ 長靴・サンダル（現地用）
- ☐ 防寒具・防寒小物
- ☐ サングラス

焚き火関連

- ☐ 焚き火台
- ☐ 薪
- ☐ 革グローブ（軍手）
- ☐ 火ばさみ
- ☐ トーチ
- ☐ 着火剤

その他

- ☐ 洗面道具（洗顔料・歯ブラシ・歯磨き粉）
- ☐ 入浴道具（シャンプー・ボディソープ）
- ☐ タオル・バスタオル
- ☐ ハンカチ・ティッシュペーパー
- ☐ 救急セット（絆創膏など）
- ☐ 保険証
- ☐ 日焼け止め
- ☐ 虫よけスプレー（蚊取り線香）
- ☐ ほうき・ちり取り

Part3

キャンプに
行ってみよう

道具をそろえたらいよいよキャンプ本番です。
この part では、キャンプ場選びのやり方から
季節ごとの楽しみ、はじめてのキャンプで困らない
必須アイテムの使い方、注意点までと、
現地で必要となることをレクチャーします。

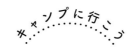

キャンプ計画 を立ててみよう

キャンプの計画を立てる際に考えなくてはならないのが、準備する荷物や予算、キャンプ場までのアクセスなど、いろいろあります。ここではキャンプ計画を立てるためのポイントを紹介していくので、参考にしてみてください。

気候

晴れる？
気温は？

荷物

必要な
モノは？

移動手段

クルマは大きめ？
荷物は少なめ？

食材

持参する？
料理を作る？

アクセス

IC から近い？

アクティビティ

何ができる？

料金

1 泊いくら？

キャンプ計画で考えるべきことの順番は?

じめてキャンプに行く人の多くがまず直面するのが、キャンプ計画は何から手を付ければいいのか、ということです。

オーソドックスな方法は、手始めに「いつ行くか」「何泊できるのか」という日程を決めること。その次が「何を目的に行くか（何をしたいのか）」で、最後に「予算」です。

「いつ行くか」は仕事や学校のお休みにもよりますが、はじめてなら春・秋のキャンプシーズンが気候的にもおすすめ。気を付けたいのが、はじめての場合は必要なグッズなどをそろえる準備期間が必要ということ。時間がない場合は、まずはレンタルですべてそろうキャンプ場でキャンプ体験という手もあります。

日程が決まったら行く場所選びです。これは、「どんな過ごし方をしたいか」「何をしたいか」により変わってきます。ロケーションを楽しみたい（P80〜）、季節感を楽しみたい（P90〜）、現地でやりたいことがある（P124〜）などによって、条件を満たすキャンプ場を絞っていく作業になります。最低条件は、自宅から余裕を持って移動できる距離のキャンプ場であること。カーナビやネットの所要時間だけで見るのではなく、その日の渋滞予測も調べておきましょう。

> **日程** ベストシーズンは予約で埋まることも。条件にあうキャンプ場の予約は早めに。
> **場所** ICからの距離が遠くなるほど移動に労力がかかるので最初はICそばを選ぶ。

現地での快適さを優先して予算を考えよう

際にキャンプを行うときに大切なのが「予算」です。まずは事前に用意しなくてはいけないテントなどの「必須アイテム代」、続いてキャンプ場の「利用料」、移動にかかる「交通費」、食材などの「消耗品代」などがかかります。

サイトの「利用料」はその地域の相場、設備の充実度や新しさなどで変わります。また、同じキャンプ場内でも、クルマの乗り入れの可否（オートキャンプサイトかどうか）でも違います。料金を抑えるために乗り入れ不可を予約すると、駐車場からの移動が大変だったりもするので、初心者のうちはオートキャンプサイトを選びましょう。

立地の便利さは、移動の疲れや忘れ物の買い出し、キャンプ場以外のアクティビティへの移動などと関わってきます。これらを考慮せずに安さだけで選ぶと、キャンプ場で過ごす時間が少なくなることもあるので、最初のうちは立地のよさを重視しましょう。

初心者のうちは設備の充実したキャンプ場のほうがおすすめ。入浴施設やお湯が出る炊事場、忘れ物をしても安心の売店など「あったら便利だな」というものがそろっていると安心です。

> ● 最初にかかる必須アイテム代を計算しておかないと残りの予算がなくなるので注意。
> ● 冬のオフシーズンは利用料も安いが必要なアイテムも増えるので最初は春秋デビューが無難。
> ● 予算のために体力や気力を削られるのはNG。最初は気持ちの余裕を優先。

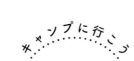

キャンプ場選びの基準

ガイドブックやインターネットでキャンプ場を調べても、そのなかから自分に合ったキャンプ場を
見つけるのはちょっと大変。そこで知っておきたいのが、キャンプ場選びのコツ。
選ぶ基準を見つければ、行きたいキャンプ場が絞られます。

キャンプ場はどうやって選べばいい？

キャンプ場選びは、書店で売られているキャンプ場ガイドやインターネットで探すのが一般的です。しかし、そのなかから何を基準にキャンプ場を選べばいいのでしょう？

そう悩むときはまず、自分たちがどんな遊びをしたいのかを想像してみましょう。水遊びをしたいのなら川や湖、山歩きをしたいなら山間、というように環境から探してみると、行きたいキャンプ場や何をキーワードに探せばいいのかが見えてきます。

キャンプに慣れていない初心者の場合は、設備が充実していて清潔感のある「高規格キャンプ場」がおすすめです。また、家から遠いキャンプ場では到着前に疲れてしまうので、家からキャンプ場までの所要時間を2時間圏内としておくと、焦らずのんびり出かけられます。さらにICから近いといろいろとラクです。

人気のキャンプ場はゴールデンウイークや夏休み、連休などはすぐに予約で埋まってしまいます。予約開始日を確認して、できるだけ早く予約をしましょう。

Point
キャンプ場選びの3つのポイント

① 環境で選ぶ

どんな環境で遊びたいのかを考えてみましょう。水遊びをしたいのなら川や湖のキャンプ場、山歩きをしたいなら山間のキャンプ場、海水浴もしたいなら海のキャンプ場というように探してみると、行きたいキャンプ場が見えてきます。

② 設備で選ぶ

初心者であれば、設備が充実していて清潔感のあるキャンプ場を選ぶといいでしょう。お湯の出る炊事場、清潔感のあるゴミ捨て場、売店やレンタルグッズが充実した管理棟、ゆっくり入れる入浴施設があれば、安心して過ごせます。

③ 距離で選ぶ

家から遠いと到着前に疲れてしまいます。自宅から2時間程度のキャンプ場なら時間にも心にも余裕ができてよいでしょう。ICから近いとさらにラク。IC周辺にはスーパーやコンビニなども多いので現地で食材を調達できて便利です。

環境と設備で選ぶ

 ンプへ出かけて、どんな遊びをしたいのかを想像してみると、案外あっさりと行きたいキャンプ場を絞り込めます。

　例えば、「水遊び」なら川や湖のキャンプ場、「山歩き」なら山間のキャンプ場、「海水浴」なら海辺のキャンプ場というように、選ぶべきキャンプ場の立地がすぐに絞れます。また、アスレチックなどのアクティビティやアウトドア体験が目的ならキーワードを追加してネット検索すればすぐ見つかります。

　キャンプ場は設備面などで不便なところもありますが、初心者の場合は設備が充実していて清潔感のある「高規格キャンプ場」がおすすめです。お湯が出る炊事場があったり、温水洗浄便座の付いた水洗トイレがあったり、自宅と変わらない設備が使えるので負担も少なくなります。また、売店やレンタルグッズが充実した管理棟、入浴施設などがそろっていることが多く、初心者でも余裕を持って過ごせます。

> ● 何をして遊ぶのかを考えて、その遊びに適した環境にあるキャンプ場を選ぶ。
> ● 体験教室があるキャンプ場なら、初心者でも安心してアクティビティが楽しめる。
> ● 設備が充実して便利な「高規格キャンプ場」なら、初心者でも安心して過ごせる。

移動のラクさで選ぶ

 心者にとっては、設営や撤収、アウトドアクッキングなど、すべてが慣れていないことばかり。慣れていないぶん苦労もします。そのうえ家から遠いとキャンプ場だと、移動の運転だけで疲れてキャンプ場に着いたころにはヘトヘト。さらに設営や料理が忙しいとなると大変です。

　初心者のうちは自宅から2時間程度のキャンプ場を選ぶと、運転疲れをせずに行けるでしょう。

　ただし、注意したいのはハイシーズンの渋滞。渋滞時は地図アプリやカーナビの所要時間よりもずっと多く時間がかかることもあるので、予想サイトなどを活用するなどして、チェックイン（13時以降が多い）に間に合うよう余裕のあるスケジュールを立てましょう。

　また、ICからの距離も初心者にとっては大事なポイント。IC周辺ならスーパーやコンビニなどもあって忘れ物を簡単に買いに行けますが、距離が離れると減っていきます。また山間など道も険しくなることがあり、運転の疲れも溜まりやすくなります。

> ● 2時間圏内のキャンプ場なら時間に余裕を持てるので安心。ただし渋滞情報をチェック。
> ● ICに近いキャンプ場なら運転の負担も少なく、周辺にスーパーなども多くて便利。忘れ物をしても安心なので初心者におすすめ。

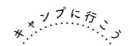

ロケーション別
の楽しみ方

ひと口にキャンプ場と行っても、ロケーションによって印象はまったく違うし、楽しめるアクティビティも変わってきます。というわけでここでは、キャンプ場のある代表的なロケーションを紹介。どんな特徴があって、何をして遊べるのかを解説していきましょう。

高原

おすすめキャンプ場

寒暖差の大きいロケーション

高 原とは、標高の高い場所にあって、広い平地が続いている地形のことをいいます。澄んだ空気と広がる青空が心地いい印象で、夏でも涼しく、避暑にはもってこいのロケーションです。

高原は寒暖差が大きいので、その特徴を活かして作られる「高原野菜」は、とても甘みのあることで有名。行きがてらに旬の高原野菜を手に入れて、アウトドアクッキングを楽しむのも楽しいものです。また高原は、広い土地が確保できることや牧草の生育に適していることから、牧場があることが多いロケーションでもあります。観光牧場も多くあるので、名物アイスや牛乳、ヨーグルトなどの乳製品も楽しみに出かけられます。

しかし高原はそんな寒暖差の激しい気候なので、日中暖かくても、朝夕は寒くなることがあります。下界は暑くても、フリースなどの防寒着を1枚持って出かけるのを忘れずに。

アクセスは、その土地によって違います。初心者の場合はキャンプに不慣れなこともあるので、運転で疲れてしまうと設営などが大変になってしまいます。環境がよくても、自宅から遠いと思ったら無理して出かけず、まずは近いところから出かけてみましょう。

> **注意！**
> ● 標高が高い場所は冷え込み注意
> ● 慣れない高原までの運転は大変なことも。初心者のうちは自宅近くで

高原で楽しめるアクティビティは？

高 原は空が大きく開けている場所が多いです。そんな空で見てみたいのが星空。住宅地では見ることのできない天の川も、光の少ない真っ暗なキャンプ場ではハッキリと見ることができます。

星空図鑑を見ながら、季節の星座を探すのも楽しいものです。コットとブランケットを用意して、寝そべりながら星空観察をすれば、長い時間星空を見上げていても疲れません。

また高原の地形は平坦なので、ハイキングコースもあまりアップダウンがありません。山登りよりは比較的楽に歩くことができるので、山歩きに馴染みのない初心者や子連れにも最適です。

遊びに行くキャンプ場のロケーションを高原に決めたら、周辺のハイキングコースを探してみましょう。

さまざまな野鳥の声が聞こえるのも高原の特徴。夏の高原ではカッコウの声がよく響きます。声が聞こえたら、高い木のてっぺんを探してみてください。ハトよりも少し大きな鳥がいたら、カッコウかもしれません。

また標高によっても違いますが、高地でしか見られない植物を探す楽しみも。キャンプ場内やハイキングコースを歩いてみると、街では見られないいろいろな花を見つけることができます。

植物図鑑を片手に歩いて、見つけたら図鑑で探す。そんなことを繰り返しているだけで、あっという間に時間が過ぎてしまいます。

> **おすすめ！**
> ● 高原は天体観測にぴったり！
> ● ハイキングコースもなだらかで高山植物の観察が楽しめることも

山間

キャンプ場は林間サイトが多い

山 間とは、山と山のあいだ、山のなかのこと。キャンプ場は林間にあることが多く、木陰があって夏でも涼しいところがたくさんあります。林間サイトは自然の環境を活かして作られたところが多く、サイトがキレイな四角でなかったり、木々が少々ジャマになったりすることがあります。ですから初心者には、テントやタープがちょっと張りにくいことがあるかもしれません。でも、それを工夫しながら張るのも、慣れてくると楽しいものです。

松林の場合は松ヤニに注意が必要です。テントやタープに松ヤニが付くと落とすのが大変です。

また秋口は乾燥した枯れ葉が多いので、焚き火をする際は気をつけましょう。焚き火台から燃えている薪が落ちて落ち葉に引火したら大変です。

> **注意!**
> ● 林の中はテントが張りにくいことも
> ● 焚き火のときは落ち葉への飛び火に注意

森の恵みがキャンプ場での楽しみ

すべてのキャンプ場に当てはまるわけではありませんが、木に囲まれた林間サイトでは、木の幹にハンモックを渡して、のんびりと昼寝を楽しむなんてこともできます。

木から木へと張ったワイヤーロープと滑車を使って森の中を滑空する「ジップライン」や、木と木の間に通したベルトを渡る「スラックライン」など、新しいアクティビティも人気です。

また、水道がすべて湧き水というキャンプ場があったり、季節になると山菜採りやキノコ狩りなどのイベントを行うキャンプ場もあります。

木の枝や松ぼっくり、どんぐりなどがたくさん落ちているのも、山間のキャンプ場の特徴です。木の実や木の葉を拾って、ネイチャークラフトを楽しむのもいいでしょう。

100円ショップでフォトスタンドを買ってきて、木の実や木の葉を木工用ボンドで枠に貼り付けて飾るだけでも、けっこう楽しいものです。キャンプ場で撮った写真を入れて飾れば、キャンプのいい思い出になりますね。

ただし標高が高いところにあるキャンプ場は、朝晩の冷え込みが厳しいことがあります。ぜひフリースなどの防寒着を1枚用意しておきましょう。

おすすめ！

- 林なのでハンモックができるところも
- 山の実りで食事もクラフトも楽しめる

山間で楽しめるアクティビティは？

山間でのアクティビティといえば、やっぱり山歩き。登山口に近いキャンプ場もあるので、あらかじめキャンプ場周辺のハイキングコースを調べておくといいでしょう。

渓流のある場所なら、周辺には管理釣り場もあることが多いので楽しんでみてはどうでしょう。釣りをしなくても、ニジマスなどの川魚を買うことができるところもあります。購入して、子どもと一緒に内臓を取って串に刺し、塩焼きにすれば、食育にもなり、これだけで有意義な時間を過ごすことができます。

野鳥の声がよく聞こえ、山里ならではの植物が見られるのも、山間のキャンプ場の特徴です。キャンプサイトに居ながらにして、バードウォッチングを楽しむこともできるので、双眼鏡を準備していくといろいろな野鳥に出会えるかもしれません。

春から秋の季節なら、キャンプ場を歩きまわると、色とりどりのかわいい花を見つけることもできます。とりあえずデジカメで写真を撮って、あとで図鑑と照らし合わせて花の名前を調べるなんてことができるのも山間キャンプ場の楽しみのひとつです。

のんびりと過ごしたい人には森林浴がおすすめ。木々に囲まれた環境に身を置くだけで、リラックスできます。そのいやし効果をもたらしているのは、木々から発散される「フィトンチッド」という揮発性物質。樹木が病原菌や昆虫から自身を守るために出す成分ですが、人には自律神経を安定させる効果を与えてくれるそうですよ。

そのほかの楽しみ

- 山登りやハイキングが楽しめる
- 渓流釣りや野鳥・植物観察なども
- 森林浴でリラックスできる

おすすめキャンプ場

志摩オートキャンプ場 P170

海辺

なんといっても新鮮な海の幸が魅力

ひと口に「海辺」といっても、ビーチからひと続きになっているキャンプ場もあれば、眼前に磯の広がりが見られるキャンプ場、海原を一望できる高台のキャンプ場など、ロケーションはさまざまです。共通していえるのは、地元で取れる海の幸がおいしいということ。漁協の直売所などがあれば、スーパーよりも魚介が安く手に入るし、さらに新鮮なので、料理に使わない手はありません。

簡単でおいしい海鮮BBQをはじめ、シーフードカレー、アクアパッツァ、ブイヤベースなど、いろんな料理が楽しめます。

ただし標高が低いので、夏はとても暑いです。またビーチのサイトは日差しを遮るものがないので、日焼けにも注意したいところです。

注意！
- ● 夏は暑いので熱中症・日焼けに注意！

海辺では強い「海風」に注意しよう

海辺のキャンプ場は、強い風が吹くことが多いロケーションです。遮るものが何もないキャンプ場だと、テントやタープが風にあおられて大変なことになることもあります。急に風が強くなることを考えて、タープはオープンタープよりスクリーンタープのほうが適しています。また強風でも抜けないように、ペグは長めのものを用意しておくと安心です。

このように海沿いで風が強く吹くのは、日中の強い日差しによって陸が早く暖められ、海との温度差が大きくなるから。陸の温度が海よりも高くなると、暖められた空気は上昇気流となります。するとその影響で海から空気が入り込みます。これが「海風」と呼ばれる風です。陸と海の温度差が大きくなるほど、風も強く吹くので、昼間は風が強く吹くのです。

反対に夜は海のほうが冷めにくく、逆のことが起こり陸から海に「陸風」が吹きます。こんなことを頭に入れておくと、サイト設営や撤収時にも役立つかもしれませんね。

海沿いでキャンプをすると、グッズが潮風でべたつき、サビの原因にもなります。家に帰ったら水拭きや水洗いをして、潮や砂をきちんと取っておきましょう。そうすれば次のキャンプも、快適に楽しむことができます。

海ならではの注意点
- 強風が吹くので風対策を！
- 潮風がサビやべたつきの原因になるのでお手入れはしっかり！

海辺で楽しめるアクティビティとは？

海辺のアクティビティといったら、なんといっても「海水浴」。サイトのすぐ目の前がビーチのキャンプ場なら、サイトから子どもの姿を確認することができます。目の前でなくても、徒歩数分ならテントから海水パンツ姿で海水浴へ行けるサイトもあります。「夏休みはキャンプもしたい！海水浴へも行きたい！」という人に、海辺のキャンプ場はうってつけです。

もちろん海水浴以外にも楽しみはたくさんあります。海釣りもそのうちのひとつ。何が釣れるかわからない五目釣りは、渓流釣りとはまた違ったおもしろさがあります。キャンプ場のなかには、サイトから釣り糸を垂らして釣りを楽しめる、釣り好きにはたまらないキャンプ場もあります。

ほかにも、周辺でシーカヤック体験が楽しめたり、地引き網体験などを開催しているキャンプ場もあります。

イベントに参加しなくても、ゴールデンウィークごろなら潮干狩りができますし、ビーチを歩いて貝殻などを拾うビーチコーミングなら一年中楽しめます。

ただし、水辺のアクティビティには、危険も潜んでいます。とくに小さな子どもを連れている場合は目を離さず、近くにいるようにしてください。アクティビティによっては、ライフジャケットなどの安全装備も必要です。

おすすめ！
- ビーチそばなら海水浴ができる
- 海釣り、カヤック、潮干狩りなどアクティビティが豊富

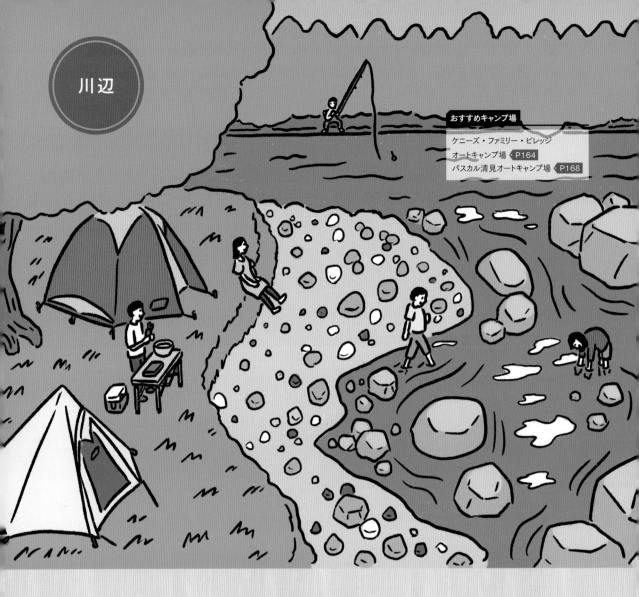

おすすめキャンプ場

ケニーズ・ファミリー・ビレッジ
オートキャンプ場 P164
パスカル清見オートキャンプ場 P168

いろいろな姿を見せる川辺の魅力

川辺といっても、上流、中流、下流で川の雰囲気は違います。上流は川幅が狭くて流れが速いのが特徴。山間の大きな岩々に囲まれた渓流といった印象です。水温が低くて透明度の高い流れには、イワナやヤマメが生息しています。

中流は上流よりも少し川幅が広くなり、流れも緩やか。山里を流れる穏やかな川といった感じです。

泳ぐ魚もアユやオイカワなどに変わります。

下流は市街地の近くを流れている、川幅の広い流れです。フナやコイ、ナマズといった魚が泳いでいます。さらに河口付近になると、ハゼやボラなど見られる魚の種類も変わります。

このように川辺といっても印象はいろいろ。同様にキャンプ場もさまざまな特徴があります。

エリアによってキャンプ場もいろいろ

上流、中流、下流と環境が変わると、キャンプ場のイメージも変わります。

上流のキャンプ場は渓流沿いにあることが多く、周辺には管理釣り場もあって、渓流釣りが楽しめます。なかには管理釣り場併設のキャンプ場もあるので、気軽に渓流釣りが楽しめます。標高が少し高いので、夏は涼しく過ごせますが、春や秋などは、朝夕が寒いこともあるので、防寒着を持っていると安心です。

中流のキャンプ場は、比較的流れが穏やかなので、川遊びやカヌーが楽しめるところが多いです。ただし流れが速い場所もあるので、キャンプ場の指示に従って、注意して遊びましょう。また中流にあるキャンプ場には、河原がサイトになっているところもあります。地面は少し大きめの石で覆われているので、厚手のマットを敷かないと

ゴツゴツしていて寝にくいこともあります。テントを設営する際は、石の凹凸をならして張るのがコツです。

下流は市街地に近くなることもあり、上流や中流に比べてキャンプ場の数も減ります。河川沿いの総合公園などにある場合だと芝生が植えられているキャンプ場など多かったりして川辺らしい特徴はあまりありませんが、市街地に近いのが最大のメリット。移動距離も短く買い物などにも便利です。

注意！

- 川辺でも上流、中流、下流で周囲の環境は全然違う
- 何がしたいかで選ぶのが正解！

川辺で楽しめるアクティビティは？

上流のキャンプ場周辺では渓流釣りのほかにも、川下りを楽しむ「ラフティング」や、天然の岩を使って川の岩肌を滑り降りたり、淵に飛び込みながら渓流を下っていく「キャニオニング」、ときには滝に打たれながら渓流を上っていく「シャワークライミング」といったワイルドな川遊びが楽しめたりします。

中流のキャンプ場周辺では、川の流れが比較的緩やかなので、リバーカヤックやカナディアンカヌーでのリバーツーリングを楽しむことができます。体験ツアーを行っているキャンプ場なら、別途ツアーを申し込むよりも気軽に体験できます。

また中流の河原には、手のひらサイズの石がたくさんあるので「ストーンペインティング」を楽しむのにうってつけです。おもしろい形の石を探し、動物やクルマに見立てて絵を描いてみましょう。筆と絵の具よりも、ポスターカ

ラーマーカーのほうが描きやすく、子どもでも気軽に楽しめます。

下流のキャンプ場周辺は、流れが緩く川遊びができる場所もあります。川に入って葦などの根元を網でガサガサと揺らしてすくえば、エビや小魚、水生昆虫などが取れることも。子どもだけでなく、大人も童心に返って楽しめます。

ただし、キャンプ場内も含めて、川遊びや遊泳が禁止となっている場合へは、絶対に入らないようにしましょう。

そのほかの楽しみ

- ワイルド系の川遊びなら上流
- オーソドックスな川遊びは中流
- 下流は水生生物探しができる

湖と沼のちがいは？

湖畔とは文字通り湖のほとりのこと。湖のほとりに広がるキャンプ場は、同じ水辺でも川辺や海辺とは違った静けさがあります。

湖沼学上では植物が侵入できないほど深い水深を持つかどうかで「湖」と「沼」に分類されます。水深の深いものが湖、浅いものが沼になりますが、「○○湖」という名称が付いていても分類は沼だったり、反対に「××沼」が実は湖だったりと、湖沼の名称と分類が、必ずしも一致しているわけではないようです。

キャンパーにとっては美しいロケーションで、楽しく過ごせればどちらでもOK。穏やかな水辺でのんびりと過ごしたり、アクティブに遊んだりして、湖畔キャンプを楽しみましょう。

湖畔サイトできれいな景色を堪能しよう

川辺や海辺のキャンプ場では、流れや波の音が気になって眠れない人もいるかもしれません。しかし湖はよほど風が強くない限り、とても静か。初心者で水辺のキャンプを楽しみたい人は、湖畔から始めてみるのもいいかもしれません。

湖畔キャンプで憧れるスタイルは、水際にテントを張って、美しい景色をサイトから堪能すること。コーヒーを飲みながら、サイトで静かに湖を眺める時間は格別です。

カヌーを楽しみに来るキャンパーは、水際にテントを建てて、サイトから直接カヌーを漕ぎ出す人もいるようです。すべてのキャンプ場で水際にテントが張れるわけではありませんが、こんなスタイルで楽しんでみるのも一興です。

ただし湖畔のサイトは湖に向かって少し傾いていること

があります。頭が下がらないように寝袋の敷き方を少し工夫しないと、寝にくいこともあります。

また地面が硬い場合も多いので、テントやタープに付属しているプラスチック製のペグでは刺さらないことがあります。頑丈な鍛造製のペグを持っていくようにしましょう。

Point

- 湖畔キャンプは静かで落ち着ける
- 湖に向かって傾斜があることも

湖畔で楽しめるアクティビティは？

湖は大きく分けて、自然にできた天然湖と、ダム湖などの人造湖があります。天然湖の多くでは、カヌーや釣りのほか、湖水浴を楽しめるところもあります。人工湖はカヌーや釣りができることがあっても、湖水浴ができるところはあまりないようです。

川や海と違って、湖は穏やかなのが特徴です。初心者や子どもでもカヌーやボート、ボードに載ってパドルで漕いで進む「SUP」は、初心者や子どもでも、気軽に楽しむことができます。カヌーのレンタルやツアーを行っているキャンプ場も多いので、興味のある人は事前に確認しておくといいでしょう。

川でカヌーをすると、上流から下流に下ってクルマで戻るなど、大がかりになりがちです。しかし湖の場合は、グルッとまわって出発地点に帰ってこられるので、より気

軽に楽しめます。

また湖では釣りも楽しみのひとつ。ブラックバスを釣ったり、冬はワカサギ釣りが楽しめるところもあります。結氷する湖なら穴釣りも可能です。

ブラックバスはスポーツフィッシングの対象魚で、釣ったら放すキャッチ＆リリースが基本。しかし最近はその意外なおいしさに注目が集まっています。臭みのある皮を取って、フライや天ぷら、ムニエルで食べるとなかなかおいしく食べられます。

おすすめ！

- 穏やかなので子どもや初心者でも
  気軽にカヌーなどに挑戦できる

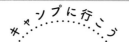

それぞれの季節を楽しむには?

アウトドアのフィールドには四季折々の顔があり、楽しみ方もさまざまです。
ではそれぞれの季節には、どんな楽しみがあるのでしょうか?
注意しておきたいポイントも含めて、紹介していきましょう。

春
キャンプ

暖かくなる春は始まりの季節

穏やかで暖かくなってくる春は「さあ、始めよう!」という気持ちにさせる季節。冬季閉鎖のキャンプ場もオープンし、ゴールデンウィークもあるので、家族そろって出かけるのにちょうどいいタイミングです。

春のキャンプで楽しみなのが「自然観察」。寒い冬を乗り越えた野草は、春になると一斉に色とりどりの花を咲かせるので、キャンプ場を散歩するだけでもワクワクしてきます。

さらにサクラが咲き始める時期なら「お花見キャンプ」も楽しめます。場内にサクラの木があるキャンプ場もたくさんあるので、楽しみに出かけるのもいいでしょう。

ただし、花粉症の人にとっては苦しい季節でもあります。日本の山のほとんどにスギやヒノキがあるので、出かける場所によっては、街中にいるよりも症状が重くなるかも。心あたりのある人は薬を持参して。春にキャンプへ行くと決めたら、なるべく早く耳鼻科を受診して、薬を処方してもらいましょう。

また春は寒暖差が激しく、日中は暖かくても、日が暮れると急に寒くなることも珍しくありません。高原や山間のキャンプ場へ出かけるなら、ダウンジャケットや帽子、手袋など「大げさかな?」と思うくらいの防寒装備を準備しておくと安心です。

- 野草や昆虫などを観察する自然観察がおすすめ。図鑑やルーペなどを準備していくと、より楽しめます。
- スギやヒノキの花粉が飛ぶ季節なので、花粉対策を忘れずに。テントも出入り以外は開けないように。
- ゴールデンウィークでも薄氷が張ることもあるので、冬並みの防寒装備は忘れずに準備しましょう。

夏
キャンプ

夏といったら水遊びや昆虫採集

ア ウトドアシーズン真っ只中の夏は、キャンプ場がいちばん賑わう季節です。海水浴や川遊び、湖水浴などの水遊びは、夏ならではのアクティビティ。天然の川がジャブジャブ池のような遊び場になっているキャンプ場や、サイトの目の前に海水浴場が広がるキャンプ場もあるので「夏はやっぱり水遊び!」という人は、ぜひ訪れてみてください。

もちろん楽しめるのは水辺ばかりではなく、山間のキャンプ場も魅力たっぷり。標高が高いところが多く、木陰がたくさんあるので街中よりも涼しく過ごせます。また、クヌギやコナラなどの広葉樹があるキャンプ場なら、カブトムシやクワガタなどの昆虫採集を楽しむこともできます。

ただし、近年は暑さが厳しく、家庭用の扇風機を持ってきて、サイトの AC 電源につないで涼を取る人も多くなっています。

暑い夏を快適に過ごすなら、標高の高いキャンプ場がおすすめ。標高 1000m を超えれば、朝晩は涼しく過ごせます。標高が低く、海や川も周囲にないなら、ジャブジャブ池やプールがあるキャンプ場を選ぶといいでしょう。暑くなったら子どもと一緒に水遊び。脚を冷やすだけでもけっこう涼めるものです。

ハイシーズンのキャンプ場は、予約で埋まってしまうことも。休みの予定が決まったら、すぐに予約を取りましょう。

夏の朝夕はブユに注意!

夏 のキャンプ場には、カやブユなどの吸血虫もたくさんいます。とくに自然が豊かできれいな水のあるところには、ブユが多く発生します。刺されると大きく腫れ上がり、足を刺された場合は痛くて歩けなくなることもあります。

そんなブユに刺されるのを防ぐには、長袖・長ズボンを着ること。ブユは暑い昼間にはあまり活動せず、朝夕に発生します。ですから日中は半袖・半ズボンでも、朝夕の涼しい時間帯は長袖・長ズボンを着てください。もし刺されてしまったら、毒の吸引器「ポイズンリムーバー」で毒を吸い出し、ステロイド剤や抗ヒスタミン剤

などの虫刺され薬を患部に塗ります。

虫除けスプレーも有効です。汗で流れると効果が落ちるため、頻繁につけ直すようにします。

虫除けに使われる忌避成分には「ディート」と「イカリジン」があります。ディート含有量 12％以上は医薬品となり、小児には「6 カ月以上2歳未満は1日1回、2歳以上 12 歳未満は1日1〜3回」という使用制限が設けられています。ディート 30％は 12 歳未満には使用できません。「イカリジン」には年齢制限がありません。

吸い込んだり目に入らないよう、子どもには直接スプレーを噴霧せずに、一度手に取って塗るようにします。

NOTICE !

- 夏の楽しみといったら水遊び。ただし川や湖などで遊ぶ場合は、ライフジャケットを忘れないように。
- 夏は非常に暑い季節。平地よりも、高原や山間など、標高の高い場所が過ごしやすくておすすめです。
- 夏に注意しなければいけないのがブユ。ポイズンリムーバーや虫刺され薬を持っていくのを忘れずに。

秋
キャンプ

秋の味覚はキャンプの楽しみ

夏 が終わるとキャンプシーズンはおしまい。「また来年の春、キャンプに行こうね」という人もけっこう多くいます。しかし、最近は秋にキャンプデビューするビギナーキャンパーも増えました。

秋は、夏のように強い日差しもなければ、ブユのような吸血虫も姿を見せなくなります。穏やかな日差しのなかでキャンプを楽しめるのは春も同様ですが、秋はスギ花粉が飛ばないので、花粉症の人にとっては秋のほうが断然過ごしやすいのです。

さらに広葉樹の多いキャンプ場なら、美しい紅葉も見られます。真っ赤なモミジのじゅうたんの上でキャンプができるのも秋ならではです。

そして忘れてはいけないのが「味覚狩り」。ブドウ狩りやナシ狩りといった果物狩りをはじめ、サツマイモ掘り、栗拾い、キノコ狩りなどの味覚狩りが楽しめるのも、実りの秋の楽しみです。

収穫した味覚をサイトで調理すれば、きっと思い出深いキャンプ体験になるはずです。子どもがいれば、楽しみながら食育もできてしまいますね。

もちろん自分で採ったりしなくても、お店に秋の味覚が並びます。サンマやサバ、新そばや新米も手に入るので、キャンプ場へ行く前に道の駅などに立ち寄って、地元の旬の味覚を調達しておきましょう。出かける前に、地元の特産品を調べてくことも忘れずに。

寒さ対策をしっかりと整えて

夏 休み以降はオフシーズンと考える人も多いので、キャンプ場の予約が取りやすくなるのも、秋キャンプのうれしいところです。人が少ないので、キャンプ場もゴールデンウィークや夏休みほど混雑せず、のんびり過ごすことができます。

「ハロウィン・キャンプ」や「大収穫祭」と銘打って、季節のイベントを開催しているキャンプ場も。ビンゴ大会をはじめ、さまざまなイベントを行うので、それに参加するたくさんのキャンパーが集まります。思い思いの仮装をしたり、キャンプサイトをデコレートしたりして、イベントならではのキャンプを楽しんでいます。

ただしこの時期は、朝夕の冷え込みが厳しいので、

冬並みの防寒装備は必須です。ダウンジャケットやアンダータイツ、寝袋は冬用を準備しても決して大げさではありません。

冷え込みが厳しいぶん、焚き火をするのも楽しみになります。収穫したサツマイモで焼きイモを作ったり、焚き火を囲みながら鍋料理をつつくというのも、寒い季節ならではの楽しみです。

しかし、焚き火で注意したいのが火の粉。化繊のウエアやチェアなどに触れると、簡単に穴が空いてしまいます。熱に強いコットンのアウターやブランケットを羽織って、火の粉対策をしておきましょう。

NOTICE

● 秋はゴールデンウィークや夏休みに比べて予約が取りやすい季節。人が少ないのでのんびり過ごせます。
● 実りの秋の楽しみは「味覚狩り」。キャンプ場周辺で収穫体験ができるかどうか、調べておきましょう。
● 朝晩は冷え込みが厳しいので、しっかりとした防寒装備を忘れずに。冬の準備でも大げさではありません。

冬 キャンプ
楽しみは冬ならではの雪上アクティビティ

ひと昔前に比べて、冬キャンプの楽しみが知られるようになってきましたが、冬期はクローズするキャンプ場も多く、一般的にはオフシーズンとされます。キャンパーの姿は、ほかの季節に比べると少なくなります。

しかしベテランキャンパーのなかには、この季節を穴場シーズンと捉えて出かける人もいます。雪の上にテントを張って「雪中キャンプ」を楽しむ強者も。

冬キャンプの魅力は、やっぱり雪。スノーシューやクロカンスキーで雪原を歩きまわったり、場内でソリ滑りやスノーモービルツアーを体験したりと、冬ならではのアクティビティが楽しめます。

初心者の場合、雪のあるキャンプ場での冬キャンプは危険。でも、雪の降らない平地のキャンプ場でも、冬ならではの体験ができますよ。葉が落ちる季節は野鳥の姿を捉えやすいので、気軽にバードウォッチングが楽しめますし、空気が乾燥して澄んでいるので、星空がキレイに見られます。クリスマスキャンプや年越しキャンプを開催するキャンプ場もあるので、事前にチェックして参加するのもいいかもしれません。

冬のフィールドは本当に寒いので、防寒対策はくれぐれも万全な準備しておきましょう。「寒くてムリ！」となったら、コテージ泊に切り替えられるよう、設備の整ったキャンプ場を選ぶのがポイント。撤収する勇気も必要です。

NOTICE !

● スノーシューやクロカンスキーといった、冬ならではの雪のアクティビティが体験できます。
● 雪がない場所ではバードウォッチングや星空観察がおすすめ。図鑑や双眼鏡を持ってでかけましょう。
● 防寒装備はくれぐれも万全に。ウエアはもちろん、寝袋は必ず冬用のものを準備していきましょう。

メリット	暖かくなり野草が咲き始めるので自然観察が楽しい季節。サクラのあるキャンプ場では「お花見キャンプ」ができます。
デメリット	スギやヒノキの花粉が飛ぶので、花粉症の人は辛い季節。日中は暖かくても、朝夕の冷え込みは厳しいので防寒対策が必要。

メリット	水遊びや昆虫採集など、夏ならではの楽しみがたくさん。暑い都会を離れて、涼しい風が吹く高原や山間で過ごせます。
デメリット	夏休みがあるので、予約が取りにくい混雑期。カやブユなどの吸血虫が多いので、防虫対策が必須。

メリット	吸血虫がいなくなるので過ごしやすくなる季節。実りの秋ならではの味覚狩りが楽しめます。
デメリット	朝晩の寒暖差が大きいので、防寒対策が必要です。冬並みの防寒装備でも大げさではありません。

メリット	スノーシューやクロカンスキーなど、冬ならではのアクティビティが楽しめます。木々の葉が落ちるので野鳥観察がしやすく、空気が澄んでいるので星空観察にも最適。
デメリット	ほかの季節に比べると非常に寒いので、完全防寒で出かける必要があります。

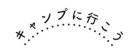

キャンプ場には何があるの?

初めてのキャンプでは、キャンプ場のイメージがつかみづらいかもしれません。
そこでここでは、キャンプ場のおもな設備を紹介していきましょう。
簡単にでも理解しておけば、キャンプ場で困ることも少ないはずです。

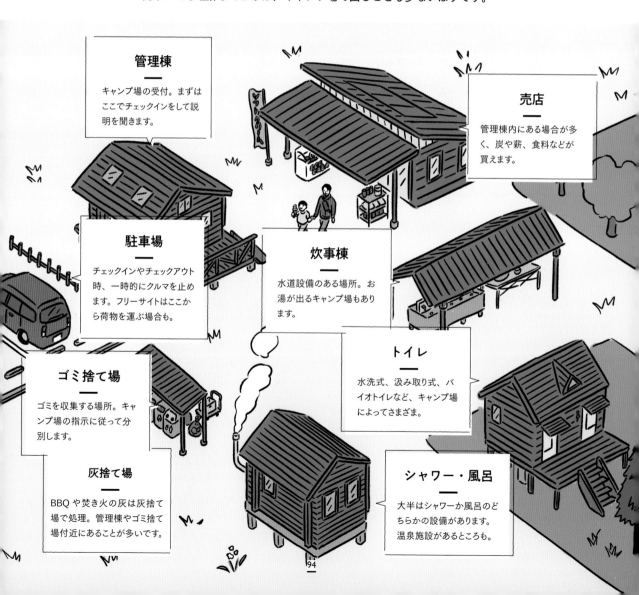

管理棟

キャンプ場の受付。まずはここでチェックインをして説明を聞きます。

売店

管理棟内にある場合が多く、炭や薪、食料などが買えます。

駐車場

チェックインやチェックアウト時、一時的にクルマを止めます。フリーサイトはここから荷物を運ぶ場合も。

炊事棟

水道設備のある場所。お湯が出るキャンプ場もあります。

ゴミ捨て場

ゴミを収集する場所。キャンプ場の指示に従って分別します。

トイレ

水洗式、汲み取り式、バイオトイレなど、キャンプ場によってさまざま。

灰捨て場

BBQや焚き火の灰は灰捨て場で処理。管理棟やゴミ捨て場付近にあることが多いです。

シャワー・風呂

大半はシャワーか風呂のどちらかの設備があります。温泉施設があるところも。

キャンプ場によって設備はさまざま

キャンプ場といっても、規模や設備はさまざまですが、おおよその設備は共通しています。まずキャンプ場に到着して最初に行くのは「管理棟」。チェックインをする受付です。ここで料金の支払いやキャンプ場のルール説明を受けて、サイトに向かいます。売店やレンタル用品の貸し出し場所も、管理棟にあることが多いです。

「炊事棟」は、水道があるところです。出るのは水だけの場合も多いですが、最近は温水が出るキャンプ場も増えてきました。

女性が気になる「トイレ」は、温水洗浄便座を備えているところもあれば、簡易水洗トイレや汲み取り式のこともあります。気になる人は事前にチェックしておくといいでしょう。

また「お風呂」のあるキャンプ場もありますが、まだまだ「シャワー」のみのキャンプ場が多いです。お風呂に入りたい人は、近くに日帰り温泉施設があるか調べておきましょう。

フリーサイト

クルマの乗り入れができないサイト。駐車場はサイト周辺にある場合も。

レンタル受付

管理棟内にあることが多いですが、カヌーなどのレンタルは遊び場近くにあることも。

林間サイト

林の中にある木々に囲まれたサイト。木陰が多く涼しいのが特徴。

オートキャンプサイト

クルマの乗り入れができる、区画されたサイト。プライバシーを保ちやすく、AC電源や水場が完備されたサイトもあります。

キャンプ場利用の注意点

初心者が失敗しがちなキャンプ場のルールや施設関係の注意点を紹介します。

オートサイトのクルマ利用

多くのオートキャンプサイトでは、夜間のクルマ移動は禁止。キャンプ場によってはサイトへの出入口を閉ざしてしまうこともあります。また、夜のキャンプ場は暗いのでクルマのライトをつけるのは周囲の迷惑になります。注意事項を事前に見て確認しておきましょう。

- クルマを使える時間を確認しておく
- 夜使うならゲート外の駐車場に止めておくこと

管理棟の営業時間

キャンプ場の管理棟は24時間営業というわけではなく、スタッフが夜いないところもあります。営業時間は夕方までが多いので、それ以降に薪が切れるなど困ったことが起きても、翌朝まで解決できません。夜間に困りそうなことは早めに相談しましょう。

- 相談ごとは営業時間中に
- レンタル品は早めに借りる

入浴施設について

キャンプ場の入浴施設は、シャワーだけのところ、大浴場があるところなど施設それぞれで異なります。入浴施設があっても、バスタオルはもちろんですが、シャンプーやボディソープがあるとは限りません。必ず訪れる前に確認しておきましょう。また、入浴施設も使用時間が決まっているので遅れないように。

- 利用時間を確認しておくこと
- 入浴セットが必要か事前に確認

売店の品ぞろえ

キャンプ場にある売店は相当大きなキャンプ場でもないかぎり、品ぞろえや在庫が万全とはいえません。そのため、急に寒くなってカップ麺などが売り切れたり、突然の大雨で雨具が売り切れてしまうことがあります。最初から売店を当てにするのではなく、必要なものは持参するか、現地のスーパーなどで買いましょう。

- 売店の品ぞろえは豊富とは限らない
- 急な需要で品切れになることも

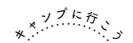
サイトのレイアウトを考えよう

キャンプを快適にする要素のひとつがサイトレイアウト。サイト内での移動がしづらかったり、クルマの出し入れが面倒なレイアウトでは、居心地の悪い空間になってしまいます。そこでここでは、ヘキサタープとドームテントの基本レイアウトを解説しましょう。

サイトレイアウトの基本は「動線」

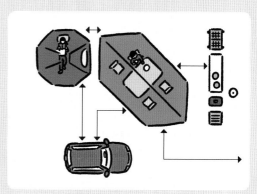

サイトのレイアウトの基本は「動線」を考えること。リビングとなるタープ下からテント、キッチン、クルマ、遊び場へアクセスしづらいと、居心地の悪い空間になってしまいます。

テントの入り口をタープに向けて建てるとリビングと寝室がつながり、リビングのそばにキッチンを作ると食事の動線がつながります。また、キャンプ中にクルマで移動することもあることを考えて、クルマの通り道を考えてレイアウトしましょう。これらのポイントを押さえておけば、どんなキャンプ場でも快適な空間を作れるはずです。

Point

天候によってレイアウトを変えてみよう

① 基本のレイアウト

まずリビングをどこに作るかを決めて、タープを張ります。そしてリビングに向けてテントを建て、リビングの横にキッチンを作ります。クルマは、買い物や遊びに出かけることを考えて、通路に出やすい位置に止めましょう。

② 風が強いときのレイアウト

風が強い日は、タープが風であおられないようにクルマで風を防いだり、風上側のタープは低く張るといった工夫が必要です。ただし、台風などの強風時は、ムリにタープを張るのは危険。撤収することを考えましょう。

③ 雨のときのレイアウト

雨の日は、タープとテントをつなげるようにして建てるようにします。そうすればテントへ移動する際、濡れる心配がありません。またキッチンは、タープが火の影響を受けないように、タープのきわに配置するようにしましょう。

最初にリビングとなるタープの位置を決めることから始めます。位置が決まって、テントのおおよその位置を決めたらタープを設営します。

次に先ほど決めた位置にテントを設営。このとき、テントの入り口がタープ側を向くように設営します。そうすれば、テントとリビングの行き来も楽に行えます。ただし、タープのロープやポールがテントの出入り口にかからないように注意しましょう。出入りしづらくなるだけでなく、足を引っかけるな

どしてタープを倒してしまう恐れがあります。

キッチンは、リビングの近くにレイアウト。あまり離れていると、配膳するときに面倒です。また、キッチンでリビングから通路への動線をふさがないようにしましょう。サイトの出入りがしづらくなってしまいます。

同様に、クルマも買い物や遊びに出かけることがあるので、クルマの前にタープのロープが来ないように気をつけましょう。

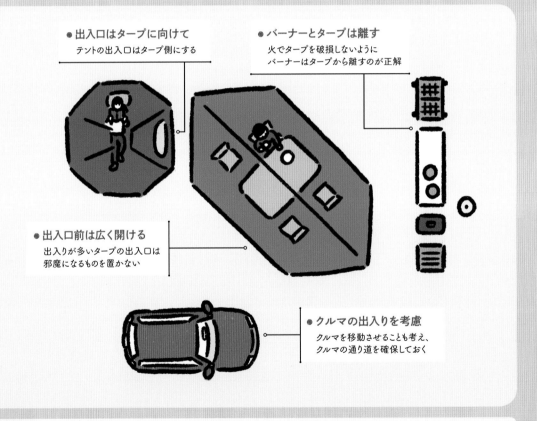

● 出入口はタープに向けて
テントの出入口はタープ側にする

● バーナーとタープは離す
火でタープを破損しないように
バーナーはタープから離すのが正解

● 出入口前は広く開ける
出入りが多いタープの出入口は
邪魔になるものを置かない

● クルマの出入りを考慮
クルマを移動させることも考え、
クルマの通り道を確保しておく

NOTICE
● 最初にサイトの中心となるリビングスペースを決定。それに合わせてテントを設営します。
● テントの出入り口はタープに向かって設営します。こうすることで、テントとリビングの動線を確保します。
● 足などで引っかけてしまわないように、動線上にはタープのロープやポールがかからないようにします。

風が強いときのレイアウト

風が強いときのいちばんの心配は、風にあおられてタープが倒れてしまうことです。風が下から吹き上げてタープを倒してしまわないように、工夫する必要があります。

クルマが背の高いSUVやミニバンの場合は、タープの風上にクルマを止めて、直接風が当たらないようにします。

また、タープの風上側を低く張ると、風がはらんでタープを持ち上げてしまう心配もなくなります。キッチンも、できるだけ風が当たらない場所にレイアウトします。とくに2バーナーは風に当たると燃焼効率が悪くなるので、風上に風防が向くようにレイアウトを工夫しましょう。

ただし、タープはもともと風に弱いもの。台風が接近しているときのような強風時は、ペグが抜けて飛んでいってしまうこともあります。ムリにタープを張るのはとても危険なので、撤収することも考えましょう。

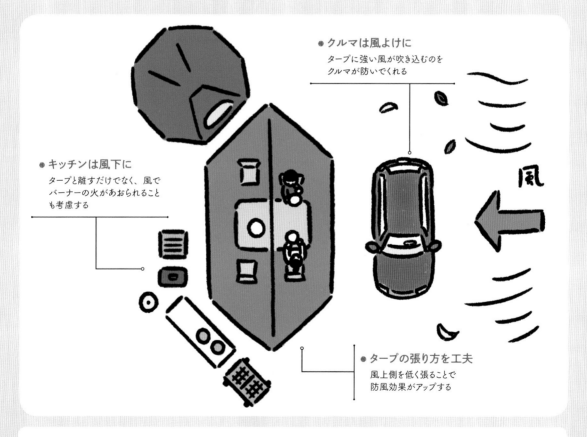

● **クルマは風よけに**
タープに強い風が吹き込むのをクルマが防いでくれる

● **キッチンは風下に**
タープと離すだけでなく、風でバーナーの火があおられることも考慮する

風

● **タープの張り方を工夫**
風上側を低く張ることで防風効果がアップする

- 背の高いクルマがあるときは、タープの風上にクルマを止めて、風がタープに当たらないようにします。
- タープの風上側を低くすることで、風がタープの上を通るようにします。
- 強風時はムリにタープを張ることは危険。撤収することも大事な判断です。

雨が降りそうな日は、あらかじめタープとテントをつなげるようにしてレイアウトします。テントの前室にタープがかぶせるようにしてタープを設営すれば、リビングとテントを行き来する際に、濡れる心配がありません。

またヘキサタープのサイドをポールで立ち上げている場合、タープに雨水が溜まってしまうことがあります。たくさんの水が溜まってしまうと、その重さで倒れてしまう可能性も。そうならないために、雨落としを作って溜まった水を地面に流すようにし

ます。作り方はタープの一辺にロープを張ってペグダウンするだけです。そうすればロープを伝って雨水が流れ落ちてくれます。

キッチンは、タープが2バーナーによる火の影響を受けないように、タープのきわにレイアウトするようにします。ただし2バーナーの炎が触れてしまうと、生地を溶かしてしまう恐れがあるので、2バーナーの上に生地がかからないように配置してください。

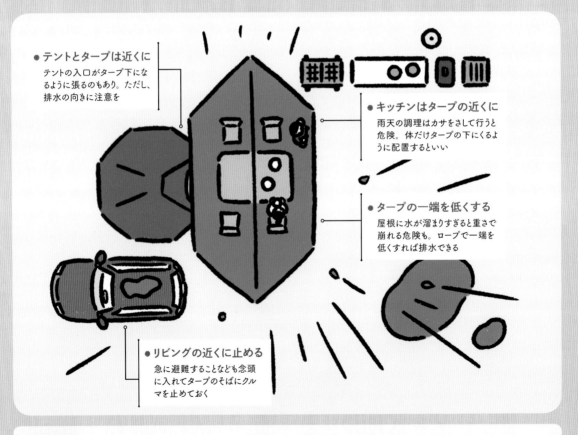

● テントとタープは近くに
テントの入口がタープ下になるように張るのもあり。ただし、排水の向きに注意を

● キッチンはタープの近くに
雨天の調理はカサをさして行うと危険。体だけタープの下にくるように配置するといい

● タープの一端を低くする
屋根に水が溜まりすぎると重さで崩れる危険も。ロープで一端を低くすれば排水できる

● リビングの近くに止める
急に避難することなども念頭に入れてタープのそばにクルマを止めておく

● テントとタープを連結させるようにしてレイアウト。そうすればテントとリビングの行き来で濡れません。
● タープに水が溜まる恐れがある場合は、ロープを張って雨落としを作ります。
● キッチンはタープのきわにレイアウト。ただし2バーナーを使うときは、タープが上にかからないように。

片づけ
ラクチン
memo

① フライシートを朝から乾かす

夜のうちに降った雨や朝露で、テントのフライシートが濡れている場合があります。そんなときはフライシートをバタつかせて水滴を落とし、日に当てておけばすぐに乾きます。しかし、テントの位置によっては日が当たらず、なかなか乾かないことも。乾くまで待っていると撤収が遅れてしまうので、タオルなどで水滴を拭き取り、なるべく早く乾かすようにしましょう。

② ゴミの分別はしっかりと

キャンプ場によって、ゴミの分別ルールは違います。きちんと指示に従って、捨てるときからきちんと分別しておけば、ゴミの処理もスムーズにできて、撤収も早く進みます。また気をつけたいのがガスカートリッジの処理です。面倒だからと不燃物に潜ませて捨ててしまったことが原因で、爆発事故が起こった例もあります。くれぐれも指示通りに分別するようにしてください。

③ タープとテーブルは最後にたたむ

撤収しているとき、雨が降っていたり、降りそうな場合は、タープとテーブルは最後まで残しておきましょう。そうすれば濡れずに作業ができ、汚したくないものをテーブルの上に置いておくことができます。クルマへの積み込みをスムーズに行うために、クルマもタープのすぐ近くまで移動しておくと、荷物を濡らさずにすみます。

ペグ打ちとロープワークを覚えよう

テントやタープの設営で必須なのが「ペグ」と「ロープ」。
うまくできるようになるとテントやタープを上手に設営できます。
しっかり覚えてスムーズな設営ができるようになりましょう。

ペグの使い分けとロープワーク はキャンプの基本

サイトの設営に必要となる道具のひとつが「ペグ」。テントやタープを地面に固定して、風にあおられても倒れないようにするための杭のような道具です。とくにオープンタープは、ロープでポールを引っ張り、ペグで固定しないと自立すらしません。そう考えるとペグは、キャンプに必要不可欠なグッズということになります。

ペグにはさまざまな種類があって、地面の硬さや状態によって使い分けが必要です。テントやタープを購入したときに付属しているペグは、プラスチックペグかピンペグが一般的です。しかし、これだけでは対応できない場合があるので、必ずほかの種類も準備しておきましょう。

どれかひとつだけ準備するとしたら、やはり「鍛造ペグ」でしょう。地面の硬い砂利のサイトでも、比較的柔らかい芝生のサイトでも、しっかりと刺さってくれる、抜けにくいペグです。硬い地面なら必要以上に深く刺さなくていい 20cm、柔らかい地面なら深く刺せて抜けにくい 30cm の長さがいいでしょう。

また、ロープの使い方を覚えておくのも大事なことです。ロープをテントやタープに結びつけるとき、ロープの長さを自由に変えられる「自在金具」が足りなくなったとき、木の幹などにロープを結びつけたいときなどのために、使用頻度の高いロープワークを身につけておいたほうがいいでしょう。そうすればサイトの設営もスムーズに行えます。

NOTICE ! ペグと同様、ペグを打ち込むためのハンマーも、テントやタープの付属品ではうまく打ち込めないことも多いので、ヘッドが金属製のスチールハンマーや、ゴム製のゴムハンマーなどを必ず準備しておきましょう。

— *Point* —

ペグの種類と使い分け

① ピンペグ

断面が丸く、頭がフック状、あるいは輪になっています。スチール製やアルミ製のものが多く、土や芝生の地面に適しています。大きめの石がある硬い地面にムリに打ち込もうとすると、曲がってしまうことがあります。

② プラスチックペグ

テントやタープに付属している、断面がT字のペグ。表面積が広いので、土や芝生など柔らかい締まった地面では抜けにくいですが、地面の硬い土や砂利のサイトではうまく刺さらず、折れてしまうことがあります。

③ ネイルペグ

釘のように頭が平らで、力がまっすぐペグに伝わるので打ち込みやすいペグです。本体はスチール製ですが、フックがプラスチック製なので、打ち込むときはフックを少し下げないと、ハンマーで破損させてしまうことがあります。

④ Vペグ

断面がV字になっていて表面積が広く、抜けにくい金属製のペグ。アルミ製、スチール製、チタン製などがあります。スタッキングができるのでかさばらず、装備をコンパクトにしたいときに便利。土や芝生などに向いています。

⑤ Yペグ

断面がY字をしているので表面積が広く、抵抗が大きくなるため、土や芝生などの柔らかい地面でも抜けにくいという特徴があります。アルミ製やジュラルミン製のものが主流。断面がX字のものもあります。

⑥ 鍛造ペグ

金属を叩いて鍛える鋳造で作られた強度の高いペグ。ほかのペグに比べて高価ですが、さまざまな地面に対応することから、愛用しているベテランキャンパーが多いです。とくにほかのペグでは打ち込めない硬い地面で威力を発揮。

ペグ打ち

① ペグは斜めに打ち込む

ペグを地面に打ち込むときは、地面とペグが作る角度を45〜60度にするのが基本です。そしてペグはしっかりと打ち込みます。頭だけが出るくらいしっかりと打ち込めば抜けにくくなります。

② 石などに当たったら打ち直す

設営時、しばしばペグが石に当たって打ち込めなくなることがあります。その場合はムリに打ち込まず、場所をずらして打ち直しましょう。ムリに打ち続けると、ペグが折れたり曲がったりしてしまいます。

③ ロープの向きとは反対に打つ

ペグとロープで作られる角度は90度が理想的。この角度であれば、ペグが抜けにくくなります。ロープと同じ方向にペグを打ち込むと簡単に抜けてしまうので注意しましょう。

① タープ

タープのメインポールを立てたり、タープサイドを張ったりする際に必要になります。雨の日に雨落としに使うこともあるので、付属しているものとは別に、用意をしておくといいでしょう。

② テント

風にあおられたりしないようにテント本体を固定したり、キャノピーポールを立ち上げて、前室を作る際に必要になります。タープと同様、雨落としなどを作ることを考えて、別途用意しておくと便利です。

③ その他

タオルなどを干しておくランドリーロープ、小物をぶら下げておくハンガーロープ、ハンモックを吊るすためのロープなど、ロープがあると便利なシーンはたくさんあります。予備で何本か用意しておくと、いざというときに助かります。

ロープの結び方

01

もやい結び

テントやタープにロープを結びつける際に便利な結び方。輪が縮まらないので引っ張っても結び目がきつくならず、ほどくときも簡単です。「結びの王様」と呼ばれるもっとも覚えておきたい結び方のひとつです。

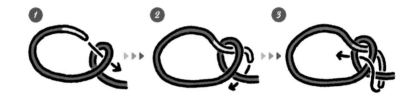

02

自在結び

テントやタープのロープにテンションをかける自在金具がないときに使う結び方。結び目をスライドさせるだけで、簡単にロープの長さを調節できます。タオルなどを掛けるランドリーロープをピンと張りたいときにも便利です。

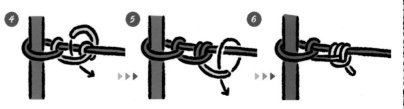

03

ふた結び

簡単に結べてほどきやすく、テンションがかかっているあいだはほどけにくいという結びの基本。木や石にロープをくくりつけたり、テントやタープにロープを結ぶ際に使えます。ほかの結びの補強としても使われます。

04

二重8の字結び

ロープの途中に輪を作る結び方。タープのメインポールを固定する際のダブルロープ（二股のロープ）を作る際にも使います。ただし、きつく締まったり、結び目が濡れたりすると、ほどきにくくなります。

片づけ
ラクチン
memo

(1) ペグは必ず1カ所に集める

ペグの色はシルバーや黒など目立たない色が多く、失くしがち。撤収するときは抜いたペグを1カ所にまとめるようにしましょう。

(2) ロープは1本ずつ結んで収納

外したロープを無造作に収納袋に入れると絡まってしまい、次に使うときが面倒。きちんと1本ずつ結んでしまいましょう。

キッチンのレイアウト
をマスターしよう

キッチンのレイアウトを考えるときは、どんな順番で調理するかを考えます。それがわかればあとは簡単。作業内容に準じてキッチングッズをレイアウトすればいいだけです。さらに、調理する人数に応じたレイアウトを覚えておけば、手際よく調理ができます。

キッチンレイアウトの基本は 調理の流れ

キッチンをレイアウトするときに考えたいのが、調理の流れです。基本的に調理は「保存→洗う→下ごしらえ→加熱」の順になるので、グッズのレイアウトは「クーラーボックス→ウォータータンク→作業テーブル→2バーナー」の順になります。このとき右から左に流れるか、左から右に流れるかも考えてレイアウトしましょう。悩んだら家のキッチンを想像してみるのもおすすめです。

そんなキッチンのレイアウトを考える際に取り入れたいのが「キッチンテーブル」。ダイニングテーブルの高さが約70cmなのに対し、キッチンテーブルは約80cm。立ったままダイニングテーブルで作業すると前屈みになり腰が痛くなってしまいますが、キッチンテーブルの高さなら、楽な姿勢で作業することができます。

人気のあるキッチンテーブルには、2バーナースタンドやランタンハンガー、シェルフなどが装備されているので使いやすく、調理もはかどります。

Point

誰と使うかでレイアウトを決める

① 2～3人で調理

人数の多いキャンプでは、調理はみんなで手分けしてやったほうが早く進みます。そんなときに便利なレイアウトが「I型キッチン」。グッズを一直線に並べた、調理スペースが広いレイアウトなので、2～3人で作業できます。

② 1～2人で調理

1～2人と比較的人数の少ない場合は、頻繁に使用しないクーラーボックスなどを横に配置した「L型キッチン」がおすすめです。I型に比べて動線が短くなるので、下ごしらえをする人、加熱調理する人に分かれて作業できます。

③ 1人で調理

ひとりで調理をするなら、ほとんど動かずに作業ができる「U型キッチン」が便利です。1カ所にいたまま移動することなく調理できます。2バーナーを焚き火に置き換えたソロキャンプのキッチンもこの応用です。

I 型キッチン

2～3人で調理を行う場合は、スペースを広く取る必要があります。それに向いているレイアウトは「I型キッチン」。動線が長くなるので1人向きではありませんが、家族で調理するならこれがおすすめです。

L 型キッチン

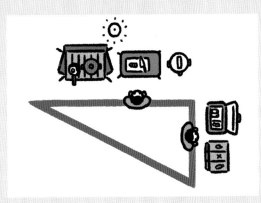

親子2人や夫婦で使うのであれば「L型キッチン」がおすすめ。クーラーボックスやゴミ箱などを横に置くことで、動線を短くしたレイアウトです。動線が短くなるので、ひとりでも使いやすいです。

U 型キッチン

キッチングッズをUの字にレイアウトしたのが「U型キッチン」。コクピットのように、使う人を囲むレイアウトです。これなら移動することなく、すべての場所に手が届くので、手際よく料理を作れます。

片づけ
ラクチン
memo

① 油汚れはアルコール除菌スプレーで

まな板の消毒などにあると便利なアルコール除菌スプレーは、2バーナーやキッチンテーブルの油汚れを落とすのにも役立ちます。

② ふきんが多いと片づけが早くなる

洗い物をしたあとの拭き取りはふきんを持参して行うとスピーディ。複数枚持っていけば、みんなで一斉にできるので早く終わります。

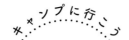

テントの張り方を マスターしよう

テントはキレイに張らないと、本来持っている性能を発揮することができません。
雨や風の日でも安心して使えるよう、きちんとしたテントの張り方を覚えておきましょう。
ここでは人気の3タイプのテントについて張り方を紹介します。

ドームテント、2ルームテント、ワンポールテントの違いは？

人気のあるテントの種類は、大きく「ドームテント」「2ルームテント」「ワンポールテント」の3種類。それぞれに形や居住性に特徴がありますが、張り方もそれぞれで違います。

「ドームテント」は、インナーテントにポールを通して立ち上げてから、フライシートをかぶせます。

「2ルームテント」は、フライシートにポールを通して建てたあとに、インナーテントをその内側に吊り下げていきます。

「ワンポールテント」は、1本の太いポールをインナーテント内に立てて、その上にフライシートをかぶせます。

居住性がいいのは「2ルームテント」「ドームテント」「ワンポールテント」の順ですが、建てやすさでいうとその反対になります。

テントを居住性で選ぶのは、もっとも一般的な選び方ですが、張り方の簡便さで選ぶのもいいでしょう。とくにテントを張るのがひとりの場合は、張り方が簡単なほうが楽です。

Point

建て方からテントを選ぶのもあり

①　ドーム型はフライシートをかぶせる

インナーテントに複数のポールを通して半球状の室内を作ってから、その上にフライシートをかぶせるのが一般的なドームテントの建て方。比較的簡単で、スピーディに建てることができます。慣れればひとりでも建てられます。

②　2ルームテントはほぼ吊り下げ式

リビングと寝室が一体となった2ルームテントは、大型のフライシートにポールを通して自立させてから、内側にインナーテントを吊るします。フライシートが自立するので、雨でもインナーテントを濡らさずに設営・撤収ができます。

③　ワンポールテントはポールを1本立てるだけ

インナーテントのフロアを固定してから、インナーテント内に太いポールを1本立てて室内を作るのがティピーの特徴です。ポール1本で設営できるので、ひとりでも簡単に建てられます。ソロキャンパーにも人気のタイプです。

ドームテント

1 インナーテントを広げる

収納袋からすべてのパーツを取り出したら、インナーテントを広げて出入り口を確認。出入り口の向きを考えて建てる方向を決める

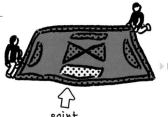

⬆ point

2 ポールをスリーブに差し込む

たたまれているポールをすべて伸ばし、インナーテントのスリーブ（トンネル状の差し込み部分）に通す

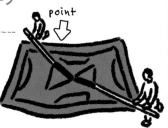

point ⬇

3 インナーテントを立ち上げる

ポールの端にインナーテントのピンを差し込んで、ポールをたわませながらインナーテントを立ち上げる

point ⬇

4 四隅をペグで固定する

インナーテントを立ち上げたら、四隅をペグで固定していきます。このときフロアを引っ張りながら固定するとキレイに建てることができる

⬆ point

5 フライシートをかぶせる

インナーテントを建てたら、フライシートをかぶせる。風下から風上へとかぶせていくとスムーズに行える

point ⬇

6 インナーテントにフックをかける

フライシートを面ファスナーでポールに固定する。続けて、フライシートについているフックを、インナーテントのリングへ引っかけて固定する

⬇ point

7 フライシートをペグで固定する

前後左右のループを引っ張って、ペグで固定する。キレイに張ることで通気性を確保し、熱のこもりや結露、雨の侵入を防ぐ。

⬆ point

❗NOTICE 注意するポイントはココ！

インナーテントを立ち上げるときはドアファスナーを開けるとスムーズに立ち上がります。そしてペグダウン前にファスナーを閉めておきましょう。開いていると設営後にファスナーが閉まらないことがあります。

2 ルームテント

1 リッジポールをセットする

フライシートに天井を支えるリッジポールを取り付ける

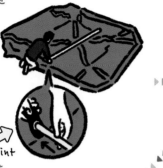

point

2 メインポールを差し込む

たたまれているポールをすべて伸ばし、フライシートのスリーブ（トンネル状の差し込み部分）に通す

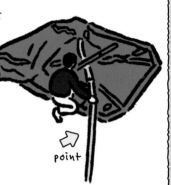

point

3 フライシートを立ち上げる

2本目のメインポールを押し込みながらフライシートを立ち上げる。メインポールの残った端を固定する

point

4 ミドルポールとリアポールを設置

メインポールとクロスするようにミドルポールをスリーブに通して両端を留めて固定。リアポールも通して両端を留める

point

5 ペグでテントを固定する

ミドルポール、リアポールを通したら、寝室・前室の各ポールの端をペグで固定する

point

6 インナーテントを吊り下げる

組み上がったフライシートの中に入り、天井からインナーテントを吊り下げる。各ポールにフックで留める

point

7 ベンチレーションを開きロープを張る

寝室側面のベンチレーションを開く。各所にロープを結び生地がピンと張るようにロープを引っ張ってペグで固定する

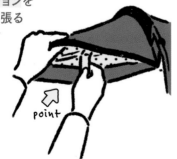

point

8 キャノピーポールをセットする

前室のフロントドア部分をめくり、先端にキャノピーポールをセットしてロープで固定する

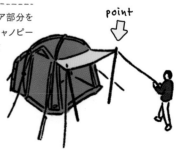

point

ワンポールテント

1 インナーテントを広げる

インナーテントのファスナーを閉めた状態でグラウンドシートの上に広げ、風上からペグで固定する

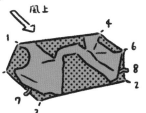

2 メインポールをセットする

入口のファスナーを開け、天井にメインポールをセットしてテントを立ち上げながらポールをホルダーにを固定する

3 インナーテントをペグで固定

インナーテントが組み上がったらフロントポールをセットする

point

4 フライシートを広げる

インナーテントにかぶせやすいようフライシートの入口の向きをそろえて地面に広げる

point

5 ベンチレーションを開ける

フライシートのベンチレーションを立ち上げる。インナーテントにかぶせた後では手が届かないこともあるのでこのタイミングで

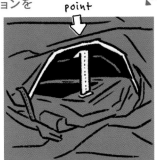

point

6 インナーテントにかぶせる

フライシートをインナーテントにかぶせ、フライシートのループをインナーテントを固定したペグにかける

point

7 フライシートをロープで固定

フライシートにロープを張り、固定する。インナーテントをドローコードで縛ってフライシートとの間に空間を作る

point

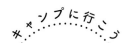

快適ベッドルームの作り方

テント内が居心地の悪い空間だと、ぐっすりと寝ることができず、清々しいはずの朝もダルく感じてしまいます。そんなことにならないように、快適なベッドルームの作り方を覚えておきましょう。ポイントを押さえるだけで、快適度がまったく変わります。

大事なのはテント内の レイヤード

楽 しいキャンプのひとときを過ごすためには、快適な空間を作ることが大切です。なかでもベッドルームに当たるテント内は、もっとも快適度が求められる空間です。

背中がゴツゴツして痛かったり、地面の冷気や湿気が伝わってきたりするような寝床では快眠できず、辛い思い出しか残らないキャンプになってしまうかもしれません。そんなことにならないようにするためには、テント内のレイヤード（重ね敷き）をきちんとすることが大切です。まずテントフロアの上に、インナーシートを敷きます。家庭でいうところのじゅうたんのように、フロア全面に敷くことで、地面からの冷気や湿気の侵入を防ぎます。

そ の上に敷くのがマット。敷き布団やベッドの役割を果たすもので、地面の凹凸を気にせず寝ることができます。そして季節に合った寝袋を敷けば、快適に寝ることができます。

また、夜になるとテント内は真っ暗になるので、ランタンを置いておくことも忘れずに。テント内は火気厳禁なので、使用するランタンはガソリンやガスを燃料とした燃焼式ではなく、電池で光るLEDランタンを準備しましょう。

枕元にひとつ置いておけば、夜中にトイレへ行きたくなったときも、手探り状態にならず安全です。LEDランタンではなく、個々にヘッドランプを準備しておくのでもOKです。

NOTICE

● フロア全面にインナーシートを敷くことで、地面からの冷気や湿気の侵入を抑えることができます。
● 寝袋の下にマットを敷けば、地面の凹凸を感じることなく快適に寝ることができます。
● 枕元にLEDランタンやヘッドランプを置いておけば、夜中のトイレも安全に行くことができます。

フロアに傾斜がある場合

サイトの状態によっては少々傾斜のある場所にテントを張らなければならないこともあります。そんなときは頭を高いほうにして寝ます。ほんの少しの傾斜なら、枕で解消することもできます。

足元を入り口にレイアウト

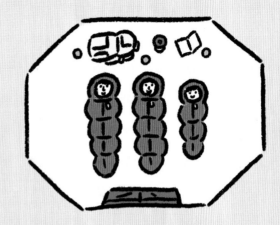

寝袋を並べるときは、足元が出入口にくるようにレイアウトします。そうすれば夜中に出入りする際に、寝ている人をまたいだり、枕元で物音を立てなくてすむので、安心して出入りができます。

マットの代わりにコットもあり

寝袋の下にマットを敷くのが基本ですが、マットの代わりにコットを使用しても快適です。地面から離れて寝ることができるので風通しがよく、熱がこもらないので暑い日でも涼しく寝られます。

片づけ
ラクチン
memo

1 テントを裏返して
裏面を乾かす

ドームテントの撤収で最初にやることは、テントをひっくり返して裏面を乾かすこと。日に当てればすぐに乾きカビ予防になります。

2 テント内のゴミを
ほうきで出す

テント内には枯れ葉や土、虫の死骸などが入っています。ちりとりとほうきを持っていき、テント内を掃除するといいでしょう。

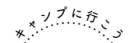

キャンプに行こう

ガソリンランタンの使い方

燃燃式ランタンはとても明るく、サイトのメインランタンに最適。しかし使用するには、
光源となるマントルを「から焼き」しなければなりません。必ず行う作業なので、きちんと覚えて、
キャンプ場でもできるようにしておきましょう。

燃焼式ランタンは「から焼き」から始まる

キャンプ場の夜を明るく照らすのに欠かせないグッズが「ランタン」。メインのランタンに使われるのは、サイト全体を照らすだけの明るさがある、ガソリンランタンやガスランタンといった燃焼式ランタンです。

これら燃焼式ランタンの大きな特徴は「マントル」と呼ばれる光源を持つことです。マントルは繊維で作られた網状の袋で、これをいったん燃やして灰状にし、それに点火することで発光します。

LEDランタンのようにスイッチひとつで点灯はしないので、まずマントルを灰状にする「から焼き」という手順を行わなければなりません。

機種によって、マントルの形状や取り付け方法は違いますが、基本的に行う作業は同じです。

今回は、燃料供給のための「ポンピング」という作業が必要になるガソリンランタンで、点火の手順を紹介していきましょう。この手順を覚えてしまえば、ポンピングが必要ないガスランタンのから焼きも簡単にできるようになります。

マントルは、から焼きをすると灰になるので、強い衝撃を加えると、簡単に壊れてしまいます。キャンプへ出かけるときは、壊れてしまうことを前提にして、予備のマントルを数枚準備していきましょう。

経験の少ない初心者は、から焼きの最中にマントルを壊してしまう可能性があるので、多めに持っていると安心です。

- 燃焼式ランタンは、マントルをから焼きしないと点火できません。
- から焼きを行ったマントルは壊れやすいものなので、慎重に取り扱う必要があります。
- から焼きは、失敗することがあるので予備マントルを準備しておきましょう。

ガソリンランタン

1 燃料を入れる

燃料タンクにホワイトガソリンを入れます。入れる料はタンクの6～8分目が目安です

point

2 ポンピングを行う

燃料が供給できるようにタンク内に圧力をかける「ポンピング」という作業を行います

point

3 マントルを取り付ける

ベンチレーターとグローブを外し、マントルを取り付けて形を整える

point

4 マントルを燃やして灰にする

ライターでマントル下部から火をつけて、全体が白い灰になるまで燃やす。非常に壊れやすいので注意

point

5 着火ボタンを押す

ベンチレーターとグローブを元に戻したら、着火ボタンを押します。着火ボタンのないモデルはライターで着火

point

6 燃料バルブを開ける

燃料バルブを少し開けて、ガソリンを供給します。シューという音がして少ししたら着火します

point

7 追加のポンピングを行う

マントルに火が付いたら、火力が安定するまでポンピングを行います

point

片づけ
ラクチン
memo

○
○
○
○

夜に集まってきた虫の死骸がランタンに溜まっているので、グローブを外して取り除きます。グローブがススで汚れていたら拭いておきましょう。

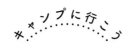

雨・風・暑さ・寒さの
対策を考えよう

天候の変化や四季折々の気候を楽しむのもキャンプの醍醐味。
しかし、雨や風、暑さや寒さを楽しむためには、知識やテクニックを身に付ける必要があります。
そこでここでは、雨・風・暑さ・寒さに対応する方法を紹介していきましょう。

ウエアで 雨・風・暑さ・寒さ の対策を

キャンプは天候の影響を受けやすいレジャー。雨や風、暑さや寒さから逃げることはできません。しかし、そこを知識や工夫によって乗り越えるのもキャンプの楽しさのひとつです。

キャンプに持っていくと役に立つウエアは「レインウエア」。あたりまえと思うかもしれませんが、雨が降ったときの備えとしてだけではないんです。風が強くて肌寒く感じるときも、レインウエアを着れば風よけにもなり、防寒着にもなります。

1着で何役もこなすので必ずキャンプに持っていきましょう。

暑いときには違うウエアで涼を得ることにしましょう。おすすめしたいのは「吸汗速乾素材」のTシャツです。汗をかいてもすぐに乾き、蒸散させるので体温の上昇を抑えてくれます。

寒い季節に着ると体を冷やしてしまうので、吸汗速乾素材でも保温性のあるものを選びましょう。

─ *Point* ─
天候に合わせて＋αのウェアを選ぶ

① オールマイティな レインウェア

雨のときにレインウエアを着るのは当たり前ですが、風が吹いて肌寒く感じるときにも、レインウエアは有効です。薄手のジャケットを持っていくのがかさばる時は、レインウエアで代用しましょう。

② 暑さ対策

「吸汗速乾素材」を使ったTシャツは、汗をかいても常にサラサラしていてベトつかず、蒸散効果で体温を下げてくれます。夏の暑い日は、こんな素材のウエアを着て、なるべく涼しく過ごせるようにしましょう。

③ 寒さ対策

インナーダウンやフリースは暖かいですが、風が吹くとため込んだ暖かい空気が吹き飛ばされてしまうので、保温できなくなります。そんなときにもレインウエアを着れば、暖かい空気の層を保ってくれるので、保温性がアップします。

雨 対策で必要になるのがレインウエアです。キャンプ中はテントやタープの下にいれば濡れずにすみますが、設営や撤収時はそうもいきません。

準備するレインウエアは、上下セパレートのレインスーツがおすすめです。設営や撤収では動きまわらなければいけないので、ポンチョでは動きにくい場合があります。

タープの下で過ごしている場合に気をつけなければならないのが、雨の吹き込みです。スクリーンタープはパネルを閉めることができるので影響はありませんが、オープンタープは雨が入ってきてしまいます。そんなときは、雨が吹き込む側を下げて、吹き込みを防ぎます。

また、地面は雨で濡れるので、濡らしたくないものは直接地面に置かないで、コットやラックなどの上に置くようにしましょう。

テントの場合は、キレイに張れていれば雨の影響を受ける心配はありません。ただし、使っているテント専用のグランドシートではなく、ブルーシートなどでグランドシートの代用をしている場合は、テントからはみ出さないように中に折り込む。はみ出してしまうとブルーシートに雨が溜まって浸水することがあります。

タープはポールを外して端を低くすることで雨の吹き込みを防ぐ

荷物は地面に置かずにコットなどの上に置くと下が濡れない

テントの下のシートがテントからはみ出していると、そこからテントの下に雨水が入り込むのではみ出させないように注意

NOTICE

● レインウエアは上下セパレートのレインスーツがおすすめ。ポンチョでは作業がしにくいことがあります。

● タープ内に雨が吹き込む場合は、吹き込む側を低く張り、吹き込みを防ぎます。

● テントの下にグランドシート代わりのブルーシートを敷く場合、テントからはみ出さないように。

風の対策

風が強いときに、もっとも注意しなければならないのがタープです。とくにタープは風に弱く、下から吹き上げる風にあおられてしまうと、倒壊してしまう恐れがあります。そうならないように、風上にクルマを置いて風よけにしたり、タープの風上側を低く張るなどして対処しましょう。

風の抵抗を受けないように、あえて風が通り抜けるようなレイアウトにするのも効果的です。テント内に風が入り込んであおられないように、出入口を風下に向けたり、テントの角が風上を向くように張ったりすると、対策にな

ります。

風が強い場合は、タープをたたんでしまうという判断も必要です。粘って張り続けていると、ペグが抜けてロープが鞭のように暴れたり、ペグが飛んでしまって人にケガをさせてしまう恐れもあります。またタープだけでなく、2バーナーがスタンドごと倒れたり、チェアやコットが風で飛んでしまうこともあるので注意しましょう。

風が非常に強い場合は危険ですので、キャンプ自体を中止して、撤収することも考えましょう。

テントの角が風上を向くようにテントを張って、風を逃がす

風上にクルマを横向きに置くと風よけになってくれる

タープは風上側を低く張るのが基本の風対策だが、タープのなかを通り抜ける向きに張る方法もある

NOTICE
!

● タープに風が直接当たらないように、クルマを置いて風よけにするのも有効です。
● タープの風上側を下げて、風が下から吹き上げてこないようにすると、タープがあおられずにすみます。
● 風が非常に強いときは、ムリにタープを張ると危険なので、撤収することも必要です。

暑さの対策

暑い夏の最中にキャンプをする場合、自分の好きなサイトを指定できるなら、木陰の多いサイトを選びましょう。木陰は木々の蒸発散効果によってまわりの熱を奪ってくれるので、タープが作る日陰よりも涼しくて快適です。

木陰のサイトが選べない場合は、サイトに打ち水をするのもいいでしょう。地面に水をまくことで周囲の温度を下げ、涼しさを感じることができます。テントやタープに打ち水をしても、温度を下げることができます。

また、就寝時に暑くて寝付けないときのために、保冷枕を準備しておきましょう。頭や首筋を冷やせば、全身が涼しくなってぐっすり寝られます。

最近は遮光性に優れた生地で作られた、室内の温度上昇を抑える効果があるテントやタープがあります。サイトの環境に左右されずに涼しみたいという人は、そんなアイテムを選んでもいいでしょう。

NOTICE !
- 自分でサイトを選ぶことができるキャンプ場であれば、木陰のあるサイトを選びましょう。
- サイトやテント、タープに打ち水をすることで、気温の上昇が抑えられるので、朝夕に打ち水をしましょう。
- 暑さで寝苦しい夜があることを考えて、保冷枕を準備しておけば、ぐっすりと寝られます。

寒さの対策

冬のキャンプで、寒いとつらいのは就寝時です。あまりに寒いと寝ることができず、ひと晩中震えていなければなりません。そんなことのないように、寝袋はオールシーズン使える冬用モデルを準備しておくのが基本です。

それでも心配な人は、寝袋の中に湯たんぽを入れたり、寝袋の下に敷くマットを分厚いものにするなどの工夫をしましょう。マットは厚ければ厚いほど断熱性が高くなるので、地面からの冷気を遮断してくれます。収納サイズは少々大きくなりますが、準備しておくと安心です。

またダウンジャケットやテントソックスなどを着たまま就寝するのも有効です。

さらにAC電源のあるサイトなら、ホットカーペットや電気毛布を使うことができるので、準備しておくといいでしょう。その場合、AC電源から電気を引くための防水電源コードも必要です。

テント内は火気厳禁。石油ストーブや薪ストーブを入れると、一酸化炭素中毒で死亡する恐れもあります。決して火で暖を取ることはしないでください。

NOTICE !
- 寒い季節のキャンプには、オールシーズン対応の冬用寝袋を準備するのが基本です。
- 地面からの冷気を遮断するためには、厚手のマットを敷くのがおすすめ。厚いほど断熱性が高まります。
- AC電源のあるサイトなら、ホットカーペットや電気毛布で暖を取ることができます。

手際よく進める サイトの撤収術

期待が膨らむ準備や設営のノウハウはしっかり覚えられても、撤収のノウハウは気が進まないので
後まわし、なんていう人も多いのではないでしょうか？ 手際よく進めることができれば、
そんなに大変ではないので、しっかりマスターしておきましょう。

撤収時間は思ったよりも少ない！

キャンプ場によっても異なりますが、チェックアウトの時間は11時頃に設定されているところが多いようです。ですから撤収は、その時間までに終わらせなければなりません。思ったより時間がありませんね。ではどのようにしたら、撤収を手際よく進められるのでしょうか？

まず片付けられるものは、前日の夜のうちに片付けておきましょう。夕食の洗い物や遊び道具の片付けをすませておくだけで、朝の撤収時間を短くすることができます。

また効率よく作業できるように、役割分担を決めておくことも大切です。寝袋などテント内の片付けは女性陣、ファニチャーなどの撤収は男性陣というように決めておけば、スムーズに進められます。

さらに汚れを拭き取ったり、破損個所をチェックしながら進めれば、道具も長持ちします。

最後に忘れ物がないかを確認し、来たときよりキレイなサイトになっていれば撤収の完了です。

─ Point ─
片付けられるところから始めよう

① テント内の片付けから

朝起きたときにやっておきたいのは、テント内の荷物をまとめておくこと。いつでも荷物を出せるようにしておくと撤収作業がはかどります。また天気がよければ寝袋は干しておきましょう。湿気たままではカビが生えてしまいます。

② ファニチャーを収納しよう

朝食を済ませてキッチンまわりやリビングまわりの小物を片付けたら、テーブルやチェアなどのファニチャーを撤収しましょう。撤収時は泥汚れや食事の汚れなどを拭きながら収納すると、道具を長持ちさせることができます。

③ テントとタープの撤収

ドームテントの場合、テント内を片づけたらフライシートを外し、裏返してフロア裏を乾かします。そして乾くまでのあいだ、小物やファニチャーなどを撤収します。タープは最後まで残しておくと、日陰で作業できるので楽です。

テント内と小物から片付け

撤収作業で最初に始めたいのは、テント内の片付け。朝起きたときに荷物をまとめておくと、いつでも荷物を出せるので撤収作業がはかどります。

天気がよければ、寝袋は干しておきましょう。湿気たままではカビや傷みの原因になってしまいます。コットやハンモックがあれば、寝袋が楽に干せます。ない場合は、クルマのドアなどにかけておくといいでしょう。

そして朝食を済ませたら、食器などキッチンまわりの小物、ランタンなどリビングまわりの小物などを片付けていきます。朝食ではできるだけ使う食器の数を減らしておくと、後片付けも素早くできます。炭火調理などは片付けに時間がかかってしまうので、避けるようにしましょう。

ファニチャーを収納しよう

小物の片付けが終わったら、テーブルやチェアなどのファニチャーを撤収します。

ファニチャーの脚には泥が付いているので、濡れぞうきんなどで拭き取りながら収納。テーブル天板は食べこぼしなどで汚れている場合があるので、こちらもキレイに拭き取ってから収納しましょう。

汚れたままにしておくと、可動部分がスムーズに動かなくなったり、サビなどの原因になります。

収束型テーブルの場合は、天板がスノコ状になっているので、ソースやジュースなどをこぼしていると隙間に入り込んでいます。天板をたたみながら隙間の汚れを確認し、汚れていたら拭き取りながら収納していきましょう。特にウッド系の場合、カビの原因になるので注意。

テントとタープの撤収

テントやタープの撤収には広いスペースが必要になるので最後にまわします。ただしドームテントの場合は、テント内を片づけたらフライシートを外してポールが付いたままの状態で裏返し、地面の湿気で濡れたフロア裏を乾かしておきましょう。1〜2カ所にペグを打って固定しておくと、風が吹いても飛ばされる心配がありません。

2ルームテントやワンポールテントなどは、このような乾かし方ができないので、撤収時にインナーテントを裏返して乾かすようにしましょう。

タープは最後まで残しておくと、日差しの強い夏場は日陰で作業できるので楽です。また撤収中に雨が降ってきても、タープがあれば雨宿りの場が確保できるので安心です。

サイト撤収タイムスケジュール例

チェックアウト 11：00 の場合

6：30	起床〜テント内整理
7：00	朝食準備
7：30	朝食
8：00	食器・キッチンまわり&テント内片付け
8：30	テント乾燥 & 小物・テーブルまわり片付け
9：00	テント撤収
9：40	ファニチャー撤収
10：00	タープ撤収
10：45	ゴミ捨て
10：50	チェックアウト〜トイレ
11：00	キャンプ場出発

寝袋を干しておこう

使う食器は少なく

拭きながら収納

キャンプ場の分別方法通りに

NOTICE

- 最初に寝袋を干し、テントは裏返してフロア裏を乾かしておくとスムーズです。
- 焚き火台や BBQ グリルは、洗うと乾かすのに時間がかかるのでぞうきんで水拭きが◎。
- テントやタープなどは、最後に撤収するとスペースを広く使えて収納しやすくなります。

Part4

キャンプでの
楽しみ方

キャンプ場ではどんな過ごし方をするのも自由です。
しかし、はじめてのキャンプだと何をすればいいか、
わからなくて不安になる人もいるでしょう。
そこでこの part では、先人たちが楽しむ
さまざまなキャンプの楽しみ方をご紹介します。

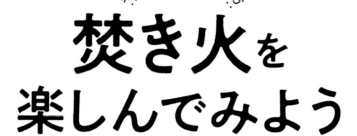

焚き火を楽しんでみよう

焚き火は、キャンプならではの楽しみのひとつ。
せっかくキャンプに出かけるなら、普段の生活では味わうことのできない "非日常" を
体験してみましょう。コツさえ覚えれば、誰でも簡単に楽しめます。

不思議と癒やされる焚き火の魅力とは？

太古の昔から人と「火」は切っても消えない関係。しかし、最近では法律や条例で焚き火が規制されるようになったことに加え、家庭でもオール電化が進んだり、たばこを吸わないお父さんが増えて、子どもが「火」を目にする機会も減ってきています。

たしかに火の取り扱いは危険ですが、大人になるまでにその使い方を身に付けなくてはいけないのも事実。また、火の扱いを知っておけば、災害などのときにも役立ちます。キャンプでの焚き火は、そんな火の取り扱いを学ぶ絶好の機会とえいます。

焚き火の炎は「1/fゆらぎ」という、川のせせらぎやそよ風と同じ自然界に多く存在する不規則なリズムで揺らぎます。「焚き火を見ているだけで心が落ち着く」のは、このリズムが脳をリラックスさせるのが理由。

そんな焚き火を楽しめるのがキャンプ最大のメリットです。日常生活では体験できない焚き火を囲んでの家族団らんは、ふだんとは違った特別な時間になることでしょう。

焚き火のメリット

- 火の扱い方を学ぶことができる
- 1/fゆらぎでリラックスできる
- ゆっくり過ごす時間を持てる

焚き火といったら「直火」？「焚き火台」？

近年芝生のサイトが増えたこともあって、地面に直接薪を置いて火をおこす「直火」が禁止のキャンプ場が多くなりました。

そこで登場したのが、地面に熱が伝わらないように焚き火を楽しめる「焚き火台」。現在では、焚き火台を使わなければ焚き火NGというキャンプ場がほとんどで直火OKのところは少なくなっています。

焚き火台は初心者でも簡単に楽しめるようにデザインされているので使い勝手もよく、さらに残った灰の処理もしやすいのがメリット。焚き火はキャンプの醍醐味のひとつともいえるので、キャンプグッズをそろえるときは、必須アイテムだと考えましょう。

直火OKのキャンプ場で焚き火を楽しむときには、いくつか事前に知っておくべきことがあります。

- かまどがない所では、石や薪などで自分でかまどを組まなくてはいけない
- 地面の湿気などで火がつきにくいので目配りが必要
- 焚き火跡が地面に残らないように、終わったら地面を掘って埋め戻す（スコップの用意が必要）

直火の焚き火は火おこしなどにもコツが必要で、あまり初心者向きとはいえません。まずは焚き火台を使った焚き火をマスターしましょう。

- 焚き火台を使わない焚き火（直火）禁止のキャンプ場が多いので、持っていないと不便。
- 直火OKのキャンプ場でもテクニックやマナーを身につけていない初心者には不向き。
- 焚き火台を使って焚き火を楽しむほうが、火をおこしやすく、残った灰の処理もしやすい。

焚き火で楽しめることって何？

キャンプでの焚き火の楽しみ方とは、いったいどんなものがあるのでしょうか？

焚き火のいちばんの目的は、暖をとることです。キャンプ場は、真夏以外は朝晩に冷え込むことが多く、焚き火はもっともメジャーな暖房となります。空気を温めて室温を上げるエアコンや石油ファンヒーターなどと違い、遠赤外線を放出する焚き火は、体の芯まで暖かさが届きます。そのため風があっても影響が少なく、手をかざしているだけで、驚くほど体が温まります。

また、焚き火の炎は見ているだけでリラックスでき、日ごろのストレスがいつの間にか消えてなくなっているでしょう。

そして、忘れてはならないのが「焚き火料理」。2バーナーのようにツマミひとつで火力調節できるわけではないので簡単ではありませんが、テクニックを身につければダッチオーブン料理から焼き物、炒め物など、さまざまな料理が作れます。ダッチオーブンなど、焚き火用の調理グッズもありますが、気負う必要はありません。最初は串に刺したマシュマロを子どもと一緒に炙ることから始めてみましょう。

Point
おすすめしたい焚き火の楽しみ

 1 暖をとることができる

焚き火は遠赤外線が放出されているので炎からまっすぐ暖かさを感じられます。重ね着やカイロとは違い、体の芯まで暖かさが届くのが特徴。しかし、炎に面していない背中などは温まらないので、チェアにブランケットを敷くなど工夫が必要。

 2 炎が癒やしになる

キャンパーに非常に人気が高いのが、焚き火の炎を見つめるリラックスタイム。グループでも家族でも炎を見つめているといつの間にか黙って炎を見つめてしまう、ということがよくあります。キャンプの醍醐味のひとつといっても過言ではありません。

 3 料理が楽しめる

慣れるまでは火力調節が難しいですが、料理も焚き火の楽しみのひとつ。大きな炎ではなく、炎が落ち着いて「おき火」の状態で料理を行うのが火力の面でのポイント。炭火焼きと同様に遠赤外線に加え、薪特有の香りがついて独特の風味も楽しめます。

 NOTICE !

薪にはスギやヒノキなどの「針葉樹」とナラやクヌギなどの「広葉樹」があります。針葉樹は非常に火が付きやすく初心者でも着火が楽々。一方の広葉樹は火持ちがいい反面、着火しにくいのが特徴です。キャンプ場で買える薪は、場所によっては選べますが、針葉樹が大半です。着火に自信がない場合は針葉樹を選ぶようにしましょう。

上手な火のつけ方

しっかりと乾燥した針葉樹の薪なら、着火剤で火がつく場合もあります。しかし、多くの場合、着火剤だけでは薪に火はつきません。そこで必要になるのが「焚きつけ」です。

使用するのは地面に落ちている乾燥した小枝など。雨などで湿っていたり、生えている木の枝を折ったものは、水分が多いため不向きです。

焚きつけ用の枝は、楊枝ほどの太さ、鉛筆ほどの太さ、親指ほどの太さの3種類を準備しましょう。着火剤に火をつけ、細い順に載せていけば、小雨が降っていたとしてもスムーズに薪に着火できます。

手ごろな小枝が落ちていないときは、ナタなどを使って薪を細く割って、焚きつけにする方法があります。焚き火用にナタや斧を用意する時は、ケガ防止のための革手袋などを一緒に準備しておきましょう。

焚おこしに使うもの

◉ 着火剤

準備する着火剤は市販のもので OK。おがくずなどにパラフィンをしみこませた固形タイプ、メタノールをジェル状にしたジェルタイプなどがあります。

◉ 小枝など

拾い集める焚きつけ用の小枝は、楊枝大・鉛筆大・親指大の3種類を集めましょう。乾燥した松ぼっくりは油脂が多く、着火剤代わりになります。

着火方法

1 着火剤に火をつける

着火剤の上に楊枝大の小枝を置き、着火剤に火を付けます。着火には火口の長い着火ライターがあると便利です。

▶▶▶

2 鉛筆大の小枝を載せる

最初の炎が安定したら、鉛筆大の小枝を束ねて、ゆっくりと火の上に載せます。乱暴に載せると火が消えてしまうことがあります。

▶▶▶

3 親指大の小枝を載せる

鉛筆大の小枝に火が移り安定したら、親指大の小枝を載せていきます。これに火が移って安定したら薪を載せましょう。

薪の組み方

薪 は加熱されて 250℃以上の高温になると、内部の水分が蒸発し、炭素などから発生する可燃性ガスが増えることで燃焼します。そのため、まずは焚きつけに火をつけ、その火で薪を高温にする必要があります。

このときうまく酸素が送られれば薪は燃えますが、酸素不足だと煙になってしまいます。そこで重要になってくるのが薪の組み方。薪の組み方にはいくつか種類がありますが、どれも新鮮な空気を取り込んで酸素がうまく供給されるように「適度な隙間」を空けるのがコツです。隙間が大きすぎると可燃性ガスが逃げてしまいうまく燃えません。ちょうどいい隙間の広さは、そのときの風の強さなどによっても変わるので、経験を積んで覚えていきましょう。

また、組み方によって火力もずいぶん変わります。薪を高く組めば火力が上がり、低く組むと火力は下がります。いろいろな組み方を覚えて、用途に合った焚き火の火力調整の方法を身に付けましょう。

代表的な組み方

1 火力の大きい 井桁型

薪を「井」の字に組んでいく、火力が非常に大きくなる組み方。火がつくと上昇気流が発生し、下から空気が吸い上げられて火力が大きくなります。

2 火力調整しやすい 合掌型

円錐状に組む、火力調整がしやすい組み方。急角度に組めば火力が大きくなり、緩い角度で組めば火力は弱くなります。

3 調理に向いた 並列型

1本の薪を枕に、数本を並列に並べる組み方。時間をかけて小さくゆっくり燃えるので調理をしたり、のんびり焚き火をするのに向いています。

風

焚き火は、ただ薪を燃やせばいいわけではありません。炎が大きすぎると火の粉が飛び、テントやタープに穴が空くこともあります。隣のサイトのテントに穴を空けてしまったら大変なトラブルになります。

そうならないためにも焚き火はシチュエーションに応じた火力で楽しむことが大事です。そのためにも、どんなシチュエーションでどれだけの火力が必要なのかを覚えておきましょう。

まず、冷えた体を暖めたいときには、小さな焚き火よりも大きな焚き火です。強火のほうが遠赤外線をたくさん放出するので、体も早く温まるからです。

食後の団らんやリラックスタイムを楽しむなら、中火がベスト。強火では焚き火の近くに長く居られず、弱火だと寒さを感じて話も弾みません。

そして料理を作る場合は、おき火が最適。炎が上がっていなくても木炭のように強い火力があります。ダッチオーブンでより強い火力が欲しいときは、ダッチオーブンの上に炭化した薪を載せます。

目的別の火力

1 暖をとるには 強火

気温が低かったりして暖を取りたいときは、大きめの炎だと遠赤外線が多く放出されるので素早く温まります。ただし薪の消費が早いのがデメリット。

2 リラックスには中火

家族団らんやリラックスタイムを楽しむ場合は中火がおすすめ。強火だと熱くて焚き火の近くに寄れず、周囲の人との会話も弾みません。

3 調理をするなら おき火

炎が上がっている状態で調理をすると焦げてしまいます。調理をするなおき火でも十分な火力を得ることができます。

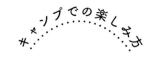

季節別
おすすめの自然遊び

キャンプそのものを楽しみに出かけるのもいいですが、アウトドアならではの
アクティビティを体験したり、出かけたフィールドならではの自然を楽しんだりするのも
いいものです。ここでは季節別におすすめの自然遊びを紹介していきましょう。

暑くなる前にカヌー & カヤックデビュー

カヌー & カヤックは一年中楽しめるアクティビティですが、冬はやはり上級者向け。シーズンの始まりは春からとなります。

ウォータースポーツといえば夏がベストシーズンなイメージがありますが、日陰のない水上に出てパドルを漕いでいると、かなりの暑さになります。日焼け防止に長袖長ズボンにライフジャケットを着ると真夏はかなり過ごしづらいです。

そこでおすすめしたいのが、春のカヌー & カヤックです。ぽかぽか陽気の中で楽しむカヌー & カヤックは最高です。水温は冷たいですが、初心者向けのツアーなどに参加するのであれば、転覆や水没の心配はほぼありません。

服装は特別なものがあるわけではありませんが、やはりウォータースポーツなので、濡れることを前提に考えます。下着やシャツ、ズボンは速乾性のある化繊のもの。コットン製では濡れると乾かないので、体を冷やしてしまいます。また防寒や防水のため、上にはレインウエアを着ます。寒い日にはフリースなどの防寒着を着るといいでしょう。

シューズは、ビーチサンダルのような脱げやすいものではなく、濡れてもいいかかとのあるものを。そして、日差しから頭を守る帽子も忘れずに準備しましょう。

春ならではのネイチャーウォッチング

暖かくなってくると、キャンプ場周辺のフィールドにはたくさんの花が咲き始めます。比較的標高の低い里のフィールドではスミレ、ノアザミ、ハハコグサ。山間のキャンプ場周辺なら、カタクリ、マムシグサ、ニリンソウなど、さまざまな野草が観察できます。

野鳥観察も楽しいですが、探すのにちょっとコツが必要。すぐ近くで見ることができる野草観察なら、初心者でも気軽に楽しめます。

野草の名前を知らなくても、図鑑片手にフィールドを歩いて、見つけたその場で調べてみたり、写真を撮ってあとからじっくり調べてみるのも楽しいものです。

図鑑は全般のもののほか、季節ごとに解説したものや、地域で見られる動植物を紹介したフィールドガイドもあります。現地でその地域のフィールドガイドを購入してネイチャーウォッチングを楽しむのもおすすめです。じっくり観察するなら小型のルーペなどがあると、楽しみも膨らみます。

ただし野草を採取したり、入ってはいけない場所に入ったりして観察するのは厳禁です。ルールやマナーを守って楽しみましょう。

『色で見わけ五感で
楽しむ野草図鑑』（ナツメ社）

- ● ウォータースポーツでは濡れても寒くならない服装や準備を整えて楽しみましょう。
- ● 日が傾くと気温が急に下がることがあるので、防寒着を忘れずに出かけましょう。
- ● 野草をむやみに採取したりせず、自然観察はルールやマナーを守って楽しみましょう。

夏
キャンプ

昆虫採集と水遊びは夏の王道！

子どもの夏の楽しみといえば、この季節にしか出会えない虫を捕まえる昆虫採集。クヌギやコナラなどのある林間のキャンプ場なら、カブトムシやクワガタ、草地のあるキャンプ場なら、バッタやカマキリ、そのほかにもセミやチョウ、トンボ、水生昆虫など、フィールドによってさまざまな昆虫を捕まえることができます。

そして、夏の楽しみで忘れてはいけないのが水遊びです。海が近いキャンプ場なら海水浴を兼ねたキャンプが楽しめますし、川沿いのキャンプ場なら川遊びを存分に楽しむことができます。

夏キャンプの楽しみ
1 林間のキャンプ場なら昆虫採集が、海辺や川辺なら水遊びが楽しめる
2 川がそばにある林間のキャンプ場は人気なので予約は早めに

夏休みの宿題も兼ねて昆虫採集

夏のフィールドと聞いて真っ先に思い出すのは「昆虫採集」という人も多いのではないでしょうか？なかでも子どもに人気があるのは、カブトムシやクワガタといった夏の甲虫です。

キャンプ場がクヌギやコナラの雑木林にあるなら見つけることができます。そんなキャンプ場はホームページなどに「カブトムシやクワガタが捕れる！」と書かれていることが多いので、チェックしてみるといいでしょう。虫捕りツアーを行うキャンプ場もあります。

カブトムシやクワガタは夜行性の昆虫なので、日中に捕まえるのは難しく、探すのは夕方から夜、あるいは明け方〜早朝といった時間帯になります。日中に樹液のあるポイントを探しておいて、暗くなってからその場所を探しにいくと見つけやすいでしょう。樹液が見つからない場合は、日中に「バナナトラップ」などの罠を仕掛け

ておき、翌朝確認に行くとかかっていることがあります。

このほかにも、草地のあるキャンプ場ならトノサマバッタやオオカマキリ、キリギリスなどを捕まえることができます。虫取り網で草むらの表面を掃くように何度も往復させると、いろいろな虫が入っているので、網の中をのぞくのが楽しみです。

出かける前にキャンプ場がどのような環境にあるのかを調べて、捕まえる昆虫を絞っておきましょう。

バナナトラップ

1 ビニール袋に焼酎2カップ、砂糖1カップを入れて混ぜた後、皮つきで半分に切ったバナナ2〜3本を入れ、軽く揉んでから1〜2日太陽に当てて発酵させて蜜を作る

2 ストッキングに入れ、木の枝などに吊るす

夏の暑さを忘れる水遊びは最高！

暑い夏でも涼しく遊ぶなら、水遊びがいちばんです。ビーチが目の前、あるいは歩いて数分のキャンプ場なら一日中海水浴を満喫できますし、川沿いのキャンプ場なら、川に飛び込んだり、ジャブジャブと遊んだり、いろいろな川遊びが楽しめます。あまり多くはありませんが、湖畔のキャンプ場には湖水浴が楽しめるところもあります。天然の水遊び場がないキャンプ場でも、ジャブジャブ池やプール、人工の小川が整備されたところもあります。足をつけているだけでもほてった体を冷やしてくれるので、キャンプ場を選ぶ際は、チェックしてみては。

ただし水辺で遊ぶ際は、子どもだけで遊ばせるのでは

なく、大人も一緒に遊びながら子どもの安全を確認してください。

とくに川遊びを楽しむ際は要注意。海水浴場と違ってライフセーバーがいるわけではありません。「遊泳禁止」や「飛び込み禁止」と書かれているところもありますので、必ず指示に従うように。また万一に備えて、ライフジャケットを着用して遊ぶことも忘れないようにしてください。

毎年夏になると、たくさんの水の事故が起こっています。「自分だけは大丈夫」と考えず、くれぐれも油断しないで安全に楽しんでください。

- 夜の虫捕りは危険なので、必ず大人が一緒に出かけるようにしてください。
- 場所によっては昆虫の採集を禁止しているところがあるので、事前に確認しておくようにしましょう。
- 水辺で遊ぶ際はライフジャケットを着用するなど、十分な安全対策を行って遊ぶようにしてください。

秋のキャンプは森や林が魅力的！

春 とはまた違った彩りを見せる秋のフィールド。広葉樹の多いキャンプ場では、きれいな紅葉のなかでキャンプを楽しむことができます。

場内を歩きまわれば、キレイな色の落ち葉、ドングリや松ぼっくりなどの木の実を見つけることも。少し森に入れば、いろいろな形をしたキノコやキレイな花を咲かせた野草も見つけられます。

落ち葉や木の実を拾ってくれば、サイトでネイチャークラフトを楽しむこともできます。落ち葉を画用紙に貼るだけなら未就学児でも楽しめるし、小学生以上ならキリやナイフを使って、ドングリのコマややじろべえ作りに挑戦するのもいいでしょう。

「こんなものを作れたらいいな」とイメージして、必要な道具を準備して出かけましょう。

秋
キャンプ

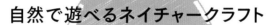

秋ならではの自然が見られる森散策

しずつ寒くなり、キャンプのオフシーズンへと向かう秋ですが、フィールドにはまだまだたくさんの楽しみがあります。そのひとつが森散策です。

広葉樹の多いキャンプ場なら、あたりは赤や黄色の紅葉が広がっています。そんななかで紅葉狩りを楽しんだり、落ち葉を拾って集めてみるのも、秋ならではの楽しみです。

落ち葉ばかりでなく、ドングリや松ぼっくりといった木の実も落ちているので、キレイな形のものを選んで拾ってみましょう。なかにはリスが食べてエビフライそっくりの形になった松ぼっくりの残りが見つかることも。山間のキャンプ場やフィールドへ出かけたら、一度探してみてください。

春ほどではないですが、秋にも野草が花を咲かせています。山間に入れば、ホトトギス、トリカブト、リンドウなどが咲いているので、じっくりと観察してみるといいでしょう。

また湿った森のなかには、変わった形のキノコもたくさん生えています。野草図鑑と一緒にキノコ図鑑を片手に歩けば、たくさんの発見があるはずです。ただし食中毒を起こす可能性があるので、素人判断で食べるのはNG。

『しっかり見わけ観察を
楽しむ　きのこ図鑑』（ナツメ社）

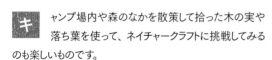

自然で遊べるネイチャークラフト

ャンプ場内や森のなかを散策して拾った木の実や落ち葉を使って、ネイチャークラフトに挑戦してみるのも楽しいものです。

子どもがまだ未就学児なら、拾ってきた落ち葉を画用紙に貼るだけでもOK。動物の顔に見立てて、クレヨンなどで好きな絵を描き添えれば、世界に1枚のアートが完成します。簡単な道具が使える小学生以上なら、キリやナイフを使って、ドングリでコマややじろべえなどを作ってみるのもいいでしょう。

一から作品を作るのが大変だと思ったら、100円ショップなどで売られているフォトフレームやコルクボードを買ってきて、落ち葉や木の実、小石などで飾り付けするだけでも、かわいい作品に仕上げることができます。その日に撮った写真を入れて部屋に飾れば、いつでも思い出がよみがえります。「キャンプに行ったら、こんなものを作ってみたい！」というイメージがあれば、必要なものを準備していきましょう。とくにイメージがなくても、ナイフ、キリや千枚通し、木工用ボンド、ポスターカラーマーカー、クレヨン、画用紙などを準備していけば、ちょっとした作品が作れます。

刃物を扱うときは安定した場所で作業をさせて、終わったらきちんと片づけるように大人が注意して見守るようにしましょう。

● 森の散策でとっていいのは写真だけ。野草やキノコを無闇に採取しないようにしましょう。
● 知識のないまま無闇にキノコを採って食べないように。採って食べる場合はキノコ狩りツアーに参加してみましょう。
● 子どもが刃物を使ってクラフトを楽しむ際は、安全な使い方を教えてから使わせるように。

キャンプ経験を積んだら冬の自然を楽しもう！

冬のフィールドは、ほかの季節に比べると空気が澄んでいるのが特徴。さらに一等星の数が多いことから、星空がいちばんキレイに見える季節でもあります。星座図鑑や星座早見盤などを準備して、スターウォッチングを楽しんでみてはどうでしょう。

ただし、冬のフィールドは氷点下になることも珍しくありません。初心者が冬キャンプをするのは大変なので、

暖かい季節にキャンプをして、少し慣れてから挑戦してみましょう。

キャンプの経験を積めば、雪の上でキャンプをする「雪中キャンプ」に挑戦してみることもできます。スノーシューやクロスカントリースキーといった、冬ならではのアクティビティが、キャンプ場にいながら楽しめます。

澄んだ空気でスターウォッチング

冬は気温が低いので、夏に比べると空気の対流活動が弱くなって、空気中の水蒸気やチリが少なくなります。その影響で空気が澄んでいるので、星空がとてもキレイに見えます。

さらに、ほかの季節に比べて一等星の数が多く、さまざまな色の星が見えるので、冬は星空がいちばんキレイな季節だといわれているのです。

また、日没が早いことからも、冬のスターウォッチングはおすすめ。19時には真っ暗なので、早い時間から観察が楽しめます。

最も有名なのは「オリオン座」でしょう。オリオン座の「三ツ星」を目印に「冬の大三角」も簡単に見つけられます。これだけでも覚えておけば、今までより、もっと楽しく星空を見ることができるはずです。

ただし冬の夜は寒いので、暖かい格好で観察しましょう。星が見える場所にコットを置いて、その上に寝袋をセット。寝袋に入って寝転がりながら星空を眺めれば、いつまででも見ていることができます。

> **注意**
>
> ● ランタンや懐中電灯などの強い光は他の観測者の迷惑になるので、ヘッドランプなどの光が弱いものか赤セロファンで覆った懐中電灯を使う

いつかは憧れの雪中キャンプ！

キャンプ経験を積まないと危険なこともあるので、初心者向けではないですが、いつかはやってみたいのが雪の上でキャンプを楽しむ「雪中キャンプ」。通常のキャンプと違って、サイトに積もった雪を踏み固めたり、ペグを十字にして埋めてペグダウンしたり、テクニックを駆使して行う設営は、もはやこれだけで立派なアクティビティです。

一面の銀世界のなかにテントを張り、そこからスノーシューやクロスカントリースキーで散策に出かけたり、サイト周辺でソリ遊びをしたり、すべてがほかの季節では体験できないことばかりです。近くにゲレンデがあれば、アルペンスキーやスノーボードを楽しみながらキャンプをすることもできてしまいますね。

ただし、雪中キャンプはどこででもできるというわけではありません。積雪期はキャンプ場自体をクローズしてしまうところもあれば、雪中キャンプ経験者でないと利用させてもらえないキャンプ場もあります。

もし初心者でも体験してみたいと思ったら、コテージに泊まってしまうというのもひとつです。就寝だけはコテージで、日中は雪上でキャンプを楽しめば、醍醐味の一端は体感できるはずです。ただしコテージキャンプといえども、しっかりとした防寒装備は必要です。

● 冬のスターウォッチングはとても寒いので、冬用の寝袋に入りながら観察するくらいがちょうどいいです。
● 雪中キャンプは、初心者では危険を伴うことがあるので、キャンプ経験を積んでから挑戦しましょう。
● コテージに泊まりながら雪中キャンプを体験する場合でも、しっかりとした防寒装備を用意しておきましょう。

手軽に作れる野外料理

アウトドアで食べる料理は、いつもの食卓で食べるのとは大違い！
自然に囲まれた中で作って味わうという非日常を楽しめる野外料理は、
きっと忘れられない思い出の味になるでしょう。

いつもと違う非日常を楽しもう

キャンプ料理の定番といえばカレーかBBQですが、連泊したり、数回目のキャンプでは飽きてしまうかもしれませんね。

ダッチオーブンやスモーカーなどの使い慣れない道具や、まるごとの肉や魚など手のかかる材料をキャンプ場でいきなり使おうとする人も多いのですが、材料と調理器具のサイズが合わなかったり、火力が思ったより低かったりするといった失敗が起こりがち。チャレンジする際は手順をよく確認する必要があります。まあ失敗を思い出として楽しむのも、キャンプの醍醐味かもしれませんが…。

初心者におすすめなのは、基本的な道具で作れる料理。ここでは、キャンプでの野外料理のうち、基本である「焼く」「煮る」だけで手早く作れ、しかも非日常感のあるメニューをセレクトしました。

家庭で手に入りやすい食材でキャンプにも持っていきやすく、それなのに家で作るモノとはひと味違った料理ばかり。細かい味付けにこだわらなくても、自然に囲まれた中で食べる料理はきっとなによりもおいしいでしょう。ぜひお試しください。

Point
キャンプ料理のコツは？

● **現地での作業を少なくする**

たくさんの下ごしらえが必要な料理は、キャンプ場で作るには不向き。家で下ごしらえを済ませるか、簡単に代用できる食材などを持参するのがコツです。

● **調理はなるべくシンプルに**

包丁での下ごしらえが多くなる細かいメニューは避け、焼く・煮る・炒めるといったシンプルな調理で済むものがおすすめです。

鉄板があれば簡単！
子どもも手伝える

ソーセージ
マフィン

Sausage muffins

🔪 材料（2人分）

生ソーセージ …… 2本
イングリッシュマフィン …… 2個
タマネギ（輪切り）…… 2枚
トマト（スライス）…… 2枚
卵 …… 2個
レタス …… 適量
サラダ油 …… 適量

🍴 作り方

1 生ソーセージの皮をそっとはがして中身を出し、平たく丸めて形を整える

2 マフィンの側面にぐるりとフォークを刺し、手で2つに割る

3 鉄板を熱し、サラダ油をなじませて1のソーセージ、マフィン、野菜、卵を焼く。

4 焼けたらマフィンにソーセージや野菜などの具をはさむ

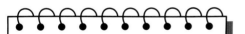

Point

生のソーセージはフレッシュな肉を挽いて味付けをして袋詰めしているので、袋（腸）から取り出せば味付き肉として利用することができます。挟む具材を変えてアレンジすることも可能

NOTICE !

● 調理方法自体は簡単でも、BBQ グリルや鉄板などに触れてヤケドをしないように注意
● 生のソーセージは通常茹でて食べるもの。生焼けには注意

カルボナーラ風 うどん

パスタより手軽な
簡単うどん料理！

Carbonara-style udon

🔪 材料（2人分）

うどん（茹で麺）…… 2玉
厚切りベーコン …… 2枚
粗挽き黒こしょう・細ネギ（小口切り）
　　…… 適量
【A/ 卵ソース】
卵 …… 2個
マヨネーズ …… 大さじ2
めんつゆ（濃縮2倍）…… 大さじ1
粉チーズ …… 大さじ3

🍴 作り方

1 ベーコンは2cm幅に切る。ボウルに【A/ 卵ソース】を入れよく混ぜておく

2 鍋に湯を沸かして1のベーコンとうどんを入れて茹でる

3 2の水気を切り、1のボウルに入れて素早く混ぜ合わせる

4 器に盛り、細ネギを散らし粗挽き黒こしょうをふる

Point
うどんは熱々になるまでよく茹で、熱いうちに卵ソースに入れて手早く混ぜ合わせます。

NOTICE

● 熱々のうちに混ぜ合わせるのがコツ。うどんが冷たくなると卵が固まらず、べちゃっとなる

ごはんにもパンにも
合うエビチリ

イタリアン
エビチリ

Italian shrimp chili

🔪 材料（2人分）

むきエビ …… 200g
塩 …… 少々
薄力粉 …… 小さじ1
ニンニク …… ひとかけ
赤唐辛子 …… 1本
タマネギ …… 1/2個
アンチョビー …… 1枚
白ワイン …… 大さじ1
トマトケチャップ …… 大さじ2
塩、こしょう …… 適量

バジル …… 4枚
オリーブオイル …… 大さじ1

🍴 作り方

1 むきエビは背中に切り込みを浅く入れ、塩を振り、薄力粉を全体にまぶす。ニンニク、タマネギ、アンチョビーは粗みじん切りに、赤唐辛子は輪切りにする

2 フライパンにオリーブオイルとニンニク、赤唐辛子を入れて加熱し、香りがしてきたらタマネギとアンチョビーを加えて炒める

3 タマネギがしんなりしたら1のエビを加えて炒める

4 白ワインとトマトケチャップを加えて炒め合わせ、塩、こしょうで味を調える。器に盛り、バジルをちぎってちらす

Point

エビを加えたら火を通しすぎないように手早く炒めるとプリプリに仕上がります。辛みが足りない大人はチリパウダー（または一味唐辛子）を加えます

● キャンプ場は料理するには落ち着かない環境なので、むきエビの下ごしらえの包丁扱いに注意して。エビの切り込みは家で済ませておいても可
● チリパウダーは子どもに取り分けた後に追加するように

子どものおやつに最適！

キャラメル
ポップコーン

Caramel popcorn

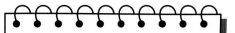 材料 (2人分)

ポップコーン用トウモロコシ
　　…… 1/2 カップ
サラダ油 …… 小さじ 1
【キャラメルソース・作りやすい分量】
砂糖 …… 200g
水 …… 50cc
生クリーム …… 200cc

作り方

1 キャラメルソースを作る。小鍋に砂糖と水を入れて中火にかける。グツグツさせたまま煮て、うっすらと茶色になってきたら火から下ろす

2 生クリームを加えて混ぜ合わせる。そのまま冷ます

3 ダッチオーブンにトウモロコシを入れ、サラダ油を全体にからめる。フタをして弱火にかけ、ポンポンとはじける音が収まるまで加熱する

4 1のキャラメルソースをかけて全体によくからめ、バットなどに広げてキャラメルを固める

Point

ポップコーンはキャラメルソースがカリカリに固まったら食べごろ。残ったキャラメルソースはパンケーキやトーストにかけるだけでなくカレーやシチューの隠し味にも使えて便利

 NOTICE
● キャラメルをからめたら、なるべく重ならないように広げておいて、固まるまで待つ

Part5

道具を
お手入れしよう

キャンプ道具は作りの頑丈なものも多く、
きちんと手入れすれば思いのほか長く使えます。
一方、適当に片づけたり、必要な手入れを怠っていると、
次のキャンプで苦労するだけでなく、けがやトラブルを引き起こす危険性も。
ここでは、グッズの素材やパーツ別に、
お手入れ方法を紹介します。

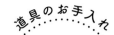

キャンプグッズの お手入れガイド

使えば必ず汚れるキャンプ用品ですが、汚れるのが当たり前だと思うようになると、
徐々にお手入れもおろそかになってしまいます。すると道具に不具合も……。
そんなことにならないよう、日ごろからできる簡単なお手入れ方法を紹介しましょう。

お手入れは撤収のときから始めよう

キャンプは野外で楽しむものなので、道具を使えば当然汚れます。それを汚れたまま収納してしまうと、傷んだり破損の原因になってしまいます。「家に帰ってからやるから大丈夫」という人もいますが、一度収納したものを、家に帰ってからまた開けてお手入れするのは意外と大変。

そこでおすすめしたいのが、お手入れをしながらの撤収です。汚れているものはその場で拭き取り、キレイな状態で収納すれば、次のキャンプも気持ちよく楽しめます。

ですから、キャンプにぞうきんは必携です。油汚れなど、洗っても落ちない汚れが付くことも多いので、数枚用意しておきましょう。

また、拭いている最中に破損個所を見つけることもあ

ります。そんなときは忘れないように書き留めておいて、家に帰ってからきちんと修理をするようにしましょう。

破損個所の修理だけでなく、拭いたり洗ったりしただけでは簡単に落とせない汚れがあって、お手入れに時間がかかってしまいそうなときも、家に帰ってからのお手入れを忘れずに。

ただし、雨の日の撤収は例外です。お手入れをしながら撤収する余裕はないので、まずは効率よく片付けることを優先し、汚れを落としたり、乾かしたりするのは家に帰ってから行います。キャンプ場によっては、テントやタープといった大物をきちんと乾燥させてから、家に配送してくれる有料サービスを行っているところもあるので、使ってみるのもいいでしょう。

タフドーム／3025＋

テントは片付ける前にきれいにする

テントのお手入れでいちばん大切なのが、乾かすということ。濡れたままでたたんでしまうと、カビが生えたり、生地が傷んでしまいます。

雨が降らなければ大丈夫だと思っている人がいるかもしれませんが、朝露でフライシートが濡れたり、結露でインナーテントが濡れることもあります。またフロアシートの裏側は、地面からの湿気で濡れてしまいます。

テントを撤収する前に、濡れている部分を軽く拭いて日に当て、しっかりと乾かしましょう。コットン素材のテントでなければ、数十分で乾きます。

さらにテント内に入ったゴミも取り除きます。砂ぼこりや枯れ葉、虫の死骸などが入っているので、できるだけキレイに取りましょう。2〜3人用の小型テントなら、ポールを持ってテントを持ち上げ、逆さまにしてドアから振るい落とします。4〜6人用のテントや2ルームテントの場合は逆さまにすることができないので、ホウキとチリトリで取り除きます。

ポールは、先端に泥が詰まっていたり、継ぎ目に砂ぼこりが付いていると抜き差しがしにくくなるので、ぞうきんでキレイに拭き取っておきましょう。

また、フライシートの撥水力が落ちてきたと思ったら撥水スプレーを、ファスナーの滑りが悪くなってきたと思ったら潤滑剤を吹き付けておきましょう。

Point

水濡れや汚れを取ることが基本

① 濡れていたら しっかりと乾かす

テントは雨が降らなくても、朝露が付いたり地面の湿気などの影響で濡れてしまいます。そのままにしておくと生地が劣化するので、水気を取り、日に当てて乾かしましょう。フロアシートの裏も濡れているので裏返して乾かします。

② テント内のゴミを キレイに取り除く

テント内には砂ぼこりや枯れ葉、虫の死骸などが入っているので取っておきます。小型テントは逆さまにしてドアから出すことができますが、大型テントや2ルームテントでは難しいので、ホウキとチリトリで取り除きましょう。

③ フライの撥水性や ファスナーを確認

使っていてフライシートの撥水性が落ちたと思ったら、天気のいい日に撥水スプレーをしておきましょう。乾きが早くなり、汚れも付きにくくなります。ファスナーの動きが悪くなった場合は、潤滑剤をつけておきましょう。

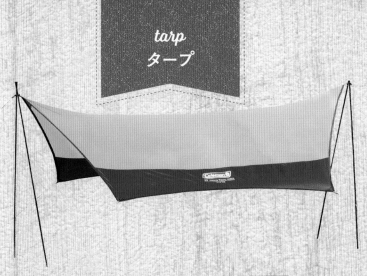

水気が残るとカビの原因に

テントと同様、タープも濡れたまま収納してしまうと生地にカビが生えてしまうので、きちんと乾かしてから収納しましょう。軽く拭いても落とせない汚れの場合は、水で薄めた中性洗剤をつけたぞうきんを軽く絞って、表面を拭いて落とします。

ポールも濡れたままでは錆びてしまうことがあるので、しっかりと拭いておきます。またポールの継ぎ目に砂ぼこりなどが付いたままだと、抜き差しがスムーズに行えなくなることがあるので、きちんと拭いておくとあとが楽になります。

抜いたペグに付いた泥汚れも、きちんと落としておきましょう。断面の丸いピンペグなどは、濡れたぞうきんで拭くだけでキレイになりますが、プラスチックペグなど形状が複雑なものは、拭いただけでは泥が落ちないので、水洗いして汚れを落とします。洗ったペグも水気を取って乾燥させてから収納しましょう。

そしてテントと同じように、撥水性が落ちているようなら、晴れた日に撥水スプレーをかけておきましょう。スクリーンタープの場合は、ファスナーがスムーズに動かない個所があれば、潤滑剤をつけておきましょう。

またテントの場合もそうですが、長期間使用しない場合は半年に1度ぐらい広げて十分に天日干しし、湿気を飛ばしておくと長持ちします。

═Point═
生地モノの基本はきちんと乾かすこと

① きちんと乾かして収納する

タープは乾かさずに濡れたまま保管してしまうと、生地にカビが生えてしまうことがあります。またポールも濡れていると錆びてしまう恐れがあるので、きちんと水気を拭き取ってから収納・保管しましょう。

② 泥が付いたペグは水洗い

抜き取ったペグには、泥汚れが付いています。ピンペグなど断面の丸いものは水拭きでOKですが、プラスチックペグのように複雑な形状のものは、水洗いして汚れを落とします。洗ったペグは水気を取ってから収納しましょう。

③ 使わない時期もたまに広げよう

長期間使用しない場合は、半年に1度くらいベランダや庭、公園などで広げて湿気を飛ばしておきましょう。湿気が溜まったまま保管しておくと、生地が劣化して長持ちしません。タープだけでなく、テントにも同じことがいえます。

mat
マット

キャンパーインフレーターマット／ W セットⅡ

地面と接するものは 湿気が移っている

テ ントのフロア全面に敷くインナーシートは、地面からの湿気で裏側が濡れている場合があります。そのまま収納してしまうとカビの原因になるので、必ず乾かしてから収納しましょう。

寝袋の下に敷くマットも、結露によって濡れてしまうことがあります。そんなときは同様に、日に当てて乾かしておきます。

朝起きたとき、エアマットやインフレーターマットの空気が抜けていたら、穴が空いている可能性があります。リペアキットで補修しなければなりませんが、リペアキットが付属しているモデルもあれば、別売りのモデルもあるので、事前に確認しておきましょう。

また、インフレーターマットを保管する際は袋に入れっ放しにせず、バルブを開けたまま広げておきましょう。バルブを開けておくことで、内側の湿気を飛ばすことができます。さらにフォーム材を膨らんだ状態にしておくことで復元力が高まるので、使用時にバルブを開けた際、スムーズに吸気してくれます。

エアベッドの場合、電動ポンプを使うのであればポンプもチェックしておきましょう。不具合があったり電池が切れていると、キャンプ場で膨らませることができなくなります。予備電池を用意しておくことも忘れないようにしておきましょう。

―― *Point* ――
保管は丸めずに広げた状態で

1 濡れたシートは水分を拭き取る

インナーシートは地面からの湿気で濡れている場合があります。濡れていたらきちんと水気を拭き取って、乾かしてから収納しましょう。マットも結露などで濡れている場合があるので、濡れていたら乾かしましょう。

2 穴あきはリペアキットで補修

マットに穴が空いてしまったら、リペアキットで補修する必要があります。まだ宿泊するならその場で、帰る日であれば家で補修を行いましょう。万が一に備えて、キャンプにはリペアキットを持っていくと安心です。

3 マットは広げて保管すると長持ち

インフレーターマットは、バルブを開けて広げたままで保管すると、内部に湿気が溜まらずカビの発生を抑えてくれます。またフォーム材を膨らんだ状態にしておくことで復元力が高まり、スムーズに吸気できるようになります。

パフォーマーⅢ /C5（オレンジ）

睡眠時の汗をしっかり乾かす

人は睡眠時にコップ約1杯分の汗をかくと言われています。使用後の寝袋は思った以上に湿っているので、そのまま収納してしまうとカビが発生する恐れがあります。

チェックアウト当日の朝は、天気がよければまず寝袋を干すことから始めましょう。コットやハンモックがあると、簡単に干すことができます。ない場合でも、並べたチェアにかけたり、クルマのドアにかけるなどすれば干すことができます。

また寝袋に入った状態でファスナーの開閉がうまくできないと、けっこうストレスです。使用中にファスナーの動きが悪いと感じたら、潤滑剤を塗っておきましょう。

家に帰ってからの保管は、化繊モデルの場合は収納バッグに入れたままでもいいですが、ダウンモデルの場合は圧縮したまま保管すると、ダウンのかさが減ってしまい、保温性が低下してしまいます。ですから保管の際は収納バッグから出して、通気性のいい大きめの保管用バッグに入れておきましょう。

寝袋のかさが減ったり、においが気になるようなら洗濯しましょう。化繊とダウンで洗濯の方法は違うので、表記を確認して。クリーニング店でも寝袋の洗濯を依頼できるので、自分で洗うのは面倒な人はクリーニング店へ。

― Point ―
保温性を下げないためのお手入れを

① 朝一番に寝袋を干しておこう

使用後の寝袋は思った以上に湿っているので、チェックアウト当日の朝は、寝袋を干すことから始めましょう。コットやハンモックがあれば簡単に干せますが、なくても、クルマのドアにかけるなどすれば干すことができます。

② ダウンの保管はバッグから出して

中綿がダウンの場合は、収納バッグに入れっぱなしだと、圧縮されてダウンのかさが減ってしまい、保温性が低下してしまいます。保管の際は収納バッグから出し、通気性のいい大きめの保管用バッグに入れておきましょう。

③ かさが減ったら洗濯しよう

寝袋のかさが減ったり、においが気になるようなら洗濯を。化繊とダウンで洗濯の方法は違うので、タイプに合った洗濯をしましょう。とくにダウンは専用洗剤を使わないと保温性が下がってしまうので注意しましょう。

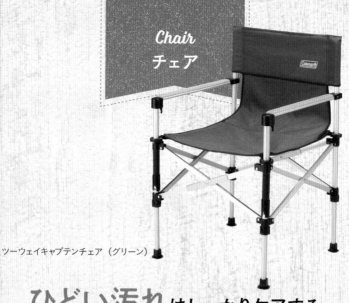

ツーウェイキャプテンチェア（グリーン）

ひどい汚れはしっかりケアする

普通に使っているぶんには、撤収時に濡れたぞうきんで泥や砂ぼこりを拭き取る程度のお手入れで大丈夫です。

ひどい汚れが付いてしまったら、水で薄めた中性洗剤をぞうきんにつけて軽く絞り、汚れを拭き取ります。とくに食べ物を落としてしまった汚れをそのまま放置しておくと、カビの原因になってしまいます。

もし、ぞうきんでも落とせないような頑固な汚れなら、使わなくなった歯ブラシでこすると、落とすことができます。

また、雨などで濡らしてしまった場合は、しっかりと乾かします。濡れたままではカビが生えたり、イヤなにおいや色移りの原因になってしまいます。

生地の劣化にもつながるので、収納する前に十分乾かしておきましょう。

長く使っていると、脚部など可動部分の動きが悪くなることもあります。そんなときは潤滑剤を塗っておきましょう。サビを防止する効果もあるので、定期的に塗っておくと長持ちします。

フレームを継いで組み立てるタイプの場合は、継ぎ目に砂ぼこりが付くと抜き差しがしにくくなるので、濡れたぞうきんで拭いたり、必要があれば潤滑剤を塗って、スムーズに組み立てられるようにしておきましょう。

Point

生地とともに脚部も一緒にお手入れを

① 通常の汚れなら拭くだけで OK

通常の汚れなら、撤収時に濡れたぞうきんで泥や砂ぼこりを拭き取る程度のお手入れで大丈夫。しかし食べこぼしなど、汚れがひどい場合は、水で薄めた中性洗剤をぞうきんにつけて軽く絞り、汚れを拭き取りましょう。

② 濡れたら放置せずきちんと乾燥

雨などで濡らしてしまったら、しっかりと乾かします。そのまま収納すると、カビやイヤなにおい、色移りの原因になってしまいます。生地の劣化にもつながるので、十分に乾かしてから収納しましょう。

③ 動きが悪いときは潤滑剤で復活

長いあいだ使っていると、脚部などの可動部分の動きが悪くなる場合があります。そんなときは潤滑剤を塗っておくと、動きがスムーズになります。サビを防止する効果もあるので、定期的に塗っておくといいでしょう。

ナチュラルモザイクリビングテーブル /120 プラス

汚れが 固まらないうちに 拭く習慣を

ジ ュースやソースをこぼしたり、砂ぼこりをかぶったりして、テーブルは思いのほか汚れるものです。収納する際は、濡れたぞうきんなどで天板をキレイに拭いておきましょう。

とくに収束型は天板がスノコ状になっているので、隙間にソースなどの汚れが入ると拭き取りにくいです。もし隙間に入ってしまったら天板をたたみ、隙間部分が外側になるようにしてから、隙間の汚れを拭き取ってください。

また、天板に合板を使用したテーブルは、濡れたらすぐに拭き取るようにしましょう。天板の端から水分がしみこむとふやけて、表面が波打ってしまう恐れがありま

す。最近はメラミン加工合板など、水に強い天板もありますが、あくまでも表面の加工なので濡れたらすぐに拭き取りましょう。

脚部の可動部分の動きが悪くなってきたら、潤滑剤を塗るようにします。動きが悪いままムリに動かそうとすると、壊してしまう恐れがあります。

また、脚の高さ調節がジョイント式の場合は、汚れていると抜き差しがしにくくなってしまうので、砂ぼこりなどは、濡れたぞうきんで拭き取るようにしましょう。

キッチンテーブルは、調理を行うのでさらに汚れがちです。こまめに拭きながら使いましょう。

=== *Point* ===

天板のお手入れはこまめにしよう！

① 収束型の隙間は たたみながら拭く

収束型テーブルは、天板がスノコ状になっているので、隙間に汚れが入ると拭き取りにくいです。もし隙間に入ってしまったら天板をたたんで隙間部分が外側になるようにして、隙間の汚れを拭き取るようにしましょう。

② 折りたたみ型は 水気をすぐに拭く

天板に合板を使用した折りたたみ型テーブルは、濡れたらすぐに拭き取るようにしましょう。天板の端から水分がしみこむと、ふやけて表面が波打ってしまうことがあります。雨の日は濡れない場所に配置しましょう。

③ 可動部分は 潤滑剤でお手入れ

脚部の可動部分の動きが悪くなってきたら、潤滑剤を塗るようにします。また、脚の高さ調節がジョイント式の場合は、汚れていると抜き差しがしにくくなるので、砂ぼこりなどを濡れたぞうきんで拭き取るようにしましょう。

クールステージ
テーブルトップグリル（グリーン）

413H パワーハウス
ツーバーナーストーブ

アルコール除菌スプレーがおすすめ

調理に使うバーナー、とくに2バーナーは食材や調味料、油などで汚れます。そのまま放置しておくとカビが生えたり錆びることがあるので、必ず拭き取ってから収納しましょう。

水拭きでは取りにくい油汚れは、アルコール除菌スプレーを吹きかけると、キレイに落とすことができます。まな板などの消毒を兼ねて持っていくと重宝します。

ガソリンバーナーの場合は、長期間使用しないのであれば、タンクからガソリンを抜いておくこと。物置などに入れっぱなしにしておくと、結露でタンク内が錆びてしまうことがあります。

また、ポンピングしても圧力がかからないようであれ

ば、専用のオイル「リュブリカント」を注入しておきましょう。

BBQグリルを撤収時にお手入れをする場合は、水洗いよりも濡れたぞうきんでの水拭きがおすすめです。水洗いは乾くまでに時間がかかってしまいます。また、鉄製品の場合は、しっかり乾かさないと簡単に錆びてしまいます。

ボディの内側やロストルに付いた焦げなどの頑固な汚れは、金ダワシでこすれば落とせます。
焼き網にこびりついた油汚れは、残った炭やトーチなどで焼き切ってから、濡れたぞうきんで拭き取るとキレイに取れます。

─Point─
汚れがちなバーナーやグリルはしっかり汚れを落とそう

① アルコールで油汚れ落としを

バーナーは食材や調味料などで汚れます。放置しておくとカビや錆びの原因になるので、必ず拭き取っておきましょう。水拭きでは取りにくい油汚れは、アルコール除菌スプレーを吹きかけると、キレイに落とすことができます。

② ガソリン式は燃料を抜いておく

ガソリンバーナーは、長期間使用しない場合、タンクからガソリンを抜いておきましょう。ガソリン自体が傷んでしまうということはありませんが、入れっぱなしにしておくと、結露でタンク内が錆びてしまうことがあります。

③ グリルの掃除は水洗いより水拭き

撤収時にBBQグリルをお手入れする場合は、水洗いよりも濡れたぞうきんでの水拭きがおすすめ。水洗いすると乾くまでに時間がかかってしまううえに、鉄製品の場合は、しっかり乾かさないと簡単に錆びてしまいます。

lanthanum
ランタン

ノーススター チューブマントルランタン

マントルを崩さないように注意

燃 焼式ランタンの場合、使用するとたくさんの虫の死骸がランタン内に落ちています。ベンチレーターやグローブを外して、虫の死骸をすべて取り除きます。その際、マントルに触れたり、強く揺らすとマントルが崩れてしまうので注意しましょう。

取り外したグローブ（外側のガラス部分）も、このときに濡れたぞうきんなどで拭いておきます。内側にススが付いていたり、曇っていたりすると、本来の明るさを発揮することができません。

またガソリンランタンは、バーナーと同様に（p151）長期間保存する場合は、タンク内のサビ防止のため燃料を抜いておきましょう。

またポンピングしても圧力がかからないようであれば、こちらもバーナーと同じように、専用のオイル「リュブリカント」を注入して、きちんとポンピングができるようにしておきましょう。

最後に予備マントルがどのくらい残っているかをチェックします。現場でないと困るのであまり残っていないようなら買い足しておきましょう。

LEDランタンの場合は、燃焼式ランタンほど汚れることはありませんが、砂ぼこりなどを付いていることがあるので、キレイに拭いておきましょう。また使用中に暗いと感じたら、電池が切れかかっているかもしれないのでチェックしておきましょう。

== *Point* ==

虫の死骸は必ず取り除いておくように

① **虫の死骸を
きちんと取り除く**

燃焼式ランタンの場合、明かりにたくさんの虫が寄ってきて、熱に焼かれてしまいます。その死骸がランタン内に落ちているので、ベンチレーターやグローブを外して取り除きましょう。その際は、マントルを崩さないように。

② **グローブは外して
曇りを取っておく**

グローブは、内側にススが付いていたり、曇っていたりすると、本来の明るさを発揮することができないので、取り外して濡れたぞうきんなどで拭いておきます。このとき、グローブにヒビ割れなどがないかも確認しておきましょう。

③ **使わないときは
燃料を抜いておく**

ガソリンランタンはガソリンバーナーと同様、長期間保存する場合は、タンク内の燃料を使い切るか、抜いておきましょう。入れっぱなしにしておくと、タンク内の結露が原因で錆びてしまう恐れがあります。

アルミクッカーセット

現場で洗って水気を拭きとる

食器はできるだけキャンプ場で洗い、しっかりと水気を拭き取ってから収納しましょう。ふきんを2～3枚準備しておくと、洗ったあとの食器拭きが素早くできます。

とくに木製の皿やカトラリー、木ベラなどは、きちんと水気を拭き取って乾かしておかないと、カビが生えてしまう恐れがあります。収納する入れ物も、できるだけ通気性のいいものがおすすめです。

また使用する洗剤は、環境に優しいエコ洗剤を使いましょう。キャンプ場によっては、エコ洗剤以外の使用を禁止しているところもあります。持参していなければ水洗いして持ち帰り家で洗うようにしましょう。

クッカーも同様に、きちんと洗ってから乾かして収納しましょう。通常の洗浄で落ちない焦げ付きは、家に持ち帰って落とします。

ステンレス製のクッカーは、水を張って重曹を入れ、10分ほど沸騰させます。そして火を止めたら数時間～半日置いておくと簡単に落とせます。

アルミ製のクッカーは重曹を使うと変色してしまうので、お酢やクエン酸を使います。クッカーに水を張ってお酢かクエン酸を入れて加熱。10分ほど沸騰させたら火を止めて、ひと晩放置すればキレイに落とせます。

─ Point ─
洗った後はしっかりと乾燥させて収納しよう

1 エコ洗剤とふきんを準備していこう

食器洗いは、環境に優しいエコ洗剤を使用。キャンプ場によっては、エコ洗剤以外の使用を禁止しているところもあります。また、ふきんを2～3枚準備しておくと、効率よく食器拭きができるので準備していきましょう。

2 木製の食器はしっかりと乾燥を

木製の皿やカトラリー、木ベラなどは、きちんと水気を拭き取って乾かしておかないとカビが生えてしまうことがあります。収納する入れ物も密閉できるものより、通気性のいいものがおすすめです。

3 頑固な焦げは家でお手入れを

焦げ付いてしまったクッカーは、家でしっかりお手入れしましょう。ステンレスクッカーは、重曹を入れた水を沸騰させて焦げを落とします。アルミクッカーの場合は、水で薄めたお酢かクエン酸を沸騰させて焦げを落とします。

エクストリームホイールクーラー /50QT
（アイスブルー）

エクストリーム・
アイスクーラー 35L

全て出してから洗って乾かす

ク ーラーボックスは食材を入れて運ぶための道具。肉や魚から出た水分や食材くずなどが、庫内に残っていることがあります。それをそのままにしておくと、腐ったりカビが生えたりしてしまいます。食べ物を保管するものなので、汚れを放置しておくことは、衛生的にもよくありません。

キャンプ場ではまだ食材が入っていることが多いので、家に帰ってから中身を出して、きちんとお手入れをしましょう。

通常であれば、清潔な濡れぞうきんなどでキレイに汚れを拭き取るだけでOKですが、汚れが気になるようなら、中性洗剤で洗うか、アルコール除菌スプレーで除菌するといいでしょう。その後はしっかりと乾燥させてから保管します。

このようなお手入れをしても、庫内のにおいが気になるというときは、水で2倍に薄めたお酢で洗ったり、市販のクーラーボックス洗浄剤を使えば、においも落とせます。

内側だけでなく、フタや外側の汚れも一緒に落としておきましょう。そうすることでクーラーボックス全体のチェックができ、破損個所などを見つけることもできます。ヒンジなどの可動部分は破損しやすいので、もし壊れているようなら、メーカーからパーツを取り寄せるなどして修理しましょう。

--- *Point* ---

食材を入れるものなので清潔第一に！

① 汚れを落としてしっかり乾燥

目立った汚れがないようなら、清潔な濡れぞうきんなどでキレイに拭くだけでOK。気になる汚れがあるなら、中性洗剤で洗ったり、アルコール除菌スプレーで除菌するといいでしょう。その後はしっかりと乾燥させて保管します。

② 気になるにおいはお酢で洗浄

きれいに汚れを落としても、庫内のにおいが気になるときは、水で2倍に薄めたお酢で洗ったり、市販のクーラーボックス洗浄剤を使えば、においが落とせます。洗ったあとは、しっかりと乾燥させて保管しましょう。

③ 外側も洗って破損のチェックも

内側だけでなく、フタや外側の汚れも落としましょう。そうすることでクーラーボックス全体を見ることができるので、破損個所があった場合に気づけます。ヒンジなどの可動部分は比較的壊れやすいので要チェックです。

Part6

初心者におすすめの
キャンプ場

あえて不便さを楽しむのが目的のキャンプ場から、
手軽に楽しむことが目的の便利なキャンプ場まで
全国にはさまざまなキャンプ場があります。
この part では、初心者でも安心して楽しめる、
設備や施設が整ったキャンプ場を紹介します。

日本全国 おすすめの キャンプ場

（吹き出し）高規格

キャンプ場

初心者がキャンプに行くなら、最初のうちは設備が整っている場所のほうが安心。入浴設備や売店のある高規格キャンプ場なら不便を感じることもなく楽しめます。ここでは充実した設備を誇る全国27の高規格キャンプ場を紹介します。

01 02 03 04 05 06 07 08 09 10 11 12 13 14 15 16 17 18 19 20 21 22 23 24 25 26 27

紹介ページの見方

所在地・営業期間・施設名

設備情報　あり　なし

オート	直火OK	売店
電源	レンタル	トイレ
風呂	コテージ	ペット

※ありの場合でも一部のことがあります。予約時に必ずご確認ください
※子ども料金の年齢については、各キャンプ場へお問い合わせください

エルム高原オートキャンプ場

※情報は2020年1月現在のものです

北海道

4月末〜
10月中旬

エルム高原オートキャンプ場

01 ─────────────────────────────

オート │ 直火OK │ 売店 │ 電源 │ レンタル │ トイレ │ 風呂 │ コテージ │ ペット

大自然の中で身も心もリフレッシュ！

自然豊かな赤平の大地に囲まれながら、のんびりとキャンプを楽しむことのできるエルム高原リゾート。2種類のキャンプ場があり、春には桜が咲き誇り、夏はカブトムシやクワガタに触れられるほか、秋は紅葉に囲まれ、国道38号線から約2kmという好アクセスながら、多くの動植物たちに出会えるところがひとつの魅力となっている。キャンプ場内やその周辺施設も充実しており、エルム山を眺めながら浸かることのできる日帰り温泉「ゆったり」や、貸し別荘「虹の山荘」はキャンプ初心者でも安心だ。「ゆったり」は利用者であれば入館料100円割引券もついてくるほか、連泊をする際には、2泊目からキャンプ場への入場料が無料になるなどうれしい特典もある。ファミリーで訪れる際にはオートキャンプ場から出入りが自由な「家族旅行村」もおすすめ。大自然の中で本格的なアウトドアを楽しめるキャンプ場だ。

Data

| 住所 | 北海道赤平市幌岡町 392 番地 1 | TEL | 0125-34-2164 | 料金 | 入場料：大人 1,040 円、子ども 520 円、2,090 〜 8,380 円／ 1 泊あたり |
| アクセス | 道央自動車道滝川 IC から車で約 14 分 | URL | http://www.akabira.net/ |

北海道

（※ 2019 年の例）
4/20 ～ 10/31

オートリゾート滝野

02 ——————————

`オート` `直火OK` `売店` `電源` `レンタル`
`トイレ` `風呂` `コテージ` `ペット`

滝もある全国初の
国営オートキャンプ公園

国 営滝野すずらん丘陵公園内の高規格キャンプ場。園内には滝が点在し、4～10月は丘陵地帯に絨毯のように広がる花畑に四季折々の花が咲く。木製アスレチックや芝生広場があり、夏休みはクラフト教室やキャンプファイヤーも企画。設備はオートキャンプ 63 サイト、テント泊 55 サイト、キャビン 25 棟が置かれ、キャンピングカーサイトには個別炊事場も。テント泊の「わんわんペットサイト」5 区画はペット同伴できる。予約は 2 か月前の同日から電話とインターネットで受付。ネット予約は利用 7 日前まで。

Data ——————————

住所 札幌市南区滝野 247 番地　TEL 011-594-2121　料金 250 ～ 5,250 円／ 1 サイトあたり（キャビンを含めると最大 15,750 円）　アクセス 道央自動車道北広島 IC から車で約 35 分　URL http://www.takinopark.com/

北海道

通年営業

オートリゾート
苫小牧アルテン

03 ——————————

`オート` `直火OK` `売店` `電源` `レンタル`
`トイレ` `シャワー` `コテージ` `ペット`

天然温泉もある道内最大の
高規格キャンプ場

北 海道苫小牧市の西部、錦大沼公園に立地する道内最大規模のオートキャンプ場。キャンプサイトは 209 あり、そのほかバンガロー・キャビンが各 10 棟、ログハウスも 3 棟あるため、テント泊に抵抗がある人でも気軽に楽しめる。場内には、パークゴルフや乗馬、カヌー、テニス施設もあり、滞在中のアクティビティの選択範囲は広い。テントサイトもコテージも通年営業しており、公式サイトから予約が可能となっている。

Data ——————————

住所 北海道苫小牧市字樽前 421-4　TEL 0144-67-2222　料金 3,150 ～ 6,300 円／ 1 サイトあたり　アクセス 道央自動車道苫小牧 IC から車で約 10 分　URL http://www.dp-flex.co.jp/arten/

エンゼルフォレスト那須白河

04

`オート` `直火OK` `売店` `電源` `レンタル` `トイレ` `風呂` `コテージ` `ペット`

羽鳥湖高原の雄大な自然の中で愛犬と過ごせる複合型リゾート

羽鳥湖を中心に広がる自然豊かな、標高750mの羽鳥湖高原にある複合リゾート。「愛犬ともっと仲良くなれるリゾート」をコンセプトに、愛犬向けのサービスを充実させた。オートサイト、ベルギー社製グランピングテントサイトに加え、ドッグランつきサイトまである。さらにログハウス、半球体状ドームコテージや敷地内の人造湖畔のドッグランつきコテージ、高規格な温泉つきログハウスに加えカジュアルな貸別荘コテー

ジもあるため、テントなしでもアウトドアを満喫することができる。湖を一望するレストラン「ラ・ピーナ」で地産食材も楽しめるバイキングのほか、宿泊者はpH9.8の高アルカリ性単純泉「彩光の湯」が滞在中何度でも利用可能。アクティビティはマウンテンバイク、フィッシング、カナディアンカヌー、屋内プールなど。降雪期にはスノーシューやソリのレンタルも実施。予約開始日はHPに掲載。

Data

住所 福島県岩瀬郡天栄村羽鳥字高戸屋39 ｜ TEL 0248-85-2552 ｜ 料金 7,000 〜 11,000 円／ 1 サイトあたり ｜ アクセス 東北自動車道白河 IC から車で約 30 分 ｜ URL http://www.ang-f-ns.com/camp/

ふくしま県民の森
フォレストパークあだたら

05

`オート` `直火OK` `売店` `電源` `レンタル`
`トイレ` `風呂` `コテージ` `ペット`

森林散策と美肌の湯でリラックス

福島県・安達太良山の麓に立地。「森林（もり）との共生」がテーマの自然豊かなフィールドで、温泉では露天風呂や低温サウナが楽しめる。福島県産品や「人と環境に優しい商品」を並べたショップ、散策路なども。フリーサイトからコテージまで宿泊方法は多様。初心者でも気軽にチャレンジしてほしいという思いから、キャンプ用品はすべてレンタル可能だ。材料がカットされているBBQセットや朝食用のサンドイッチの販売もある。敷地内カフェではソフトクリームやコーヒー、軽食が楽しめる。予約は3か月前の1日から。

Data

| 住所 | 福島県安達郡大玉村玉井字長久保68 | TEL | 0243-48-2040 |

料金 1,650～5,500円／1サイトあたり　アクセス 東北自動車道本宮IC・二本松ICから車で約20分　URL http://www.fpadatara.com

---

長沼フートピア
公園キャンプ場

06

`オート` `直火OK` `売店` `電源` `レンタル`
`トイレ` `シャワー` `コテージ` `ペット`

広々フリーサイトと
111mの滑り台に大歓声

宮城県最大の自然湖沼・長沼の南に立地するキャンプ場。金、土日にはオランダから取り寄せた風車が稼働し、インスタにアップする人も。県内最長級の111mのローラー滑り台は、大人も子どもも歓声必至。一般サイトと芝生サイトでは、好みの場所にテントを張ることができる。オートキャンプサイトは10区画。レンタルは毛布と自転車のみ。地のものを食べたいなら、ふるさと物産館の産地直送直売所や食堂へ。予約は電話から。「ふるさと花火in長沼」の開催地のため、8月の花火シーズンは早い者勝ち！

Data

住所 宮城県登米市迫町北方字天形161-84　TEL 0220-22-7600
料金 500～3,500円／1サイトあたり　アクセス 東北自動車道築館IC・三陸自動車道登米ICから車で約25分　URL http://fp-naganuma.co.jp

栃木県

2月末〜
12月中旬

キャンプ・アンド・キャビンズ那須高原

07 ────────────────────────

オート ｜ 直火OK ｜ 売店 ｜ 電源 ｜ レンタル ｜ トイレ ｜ 風呂 ｜ コテージ ｜ ペット

家族向けアクティビティからエステやボディケアまで

子ども向けイベントや遊具が豊富で、きめ細やかなサービスから高規格施設の中でもファミリーから絶大な人気を誇る。週末や連休中に行われるBINGOパーティー、そのほか季節ごとに行われるイベントが盛りだくさんで、ハロウィンの時期は特に力が入っている。洞窟からパワーストーンを探す『クリスタルハンター』や、キッズプレイガーデンという無料の公園もあり、遊具も豊富。大人向けにはエステとボディケアの店もある。砂利敷きの

キャンプサイトは種類が豊富で、水はけなどの整備も万全。全サイト電源つきで使用料金がかからないのも魅力。キャビン、バンガロー、コテージといった宿泊施設も豊富で『ツインキャビン"語らい"』は遊具と2段ベッドがあり、さながら秘密基地気分でのステイが楽しめる。レンタルは基本的なものから、あったら便利な気の利くものまで超充実。レンタルテントの設営補助もあり、ビギナーも安心だ。

Data

| 住所 | 栃木県那須郡那須町高久甲5861-2 | TEL | 0287-64-4677 | 料金 | 4,500円〜22,000円／1サイトあたり | アクセス | 東北自動車道那須IC から車で約7分 | URL | http://camp-cabins.com |

（メンテナンス
休業の場合有り）

通年営業

こっこランド那須 F.C.G

08

オート　直火OK　売店　電源　レンタル
トイレ　風呂　コテージ　ペット

24 時間管理人常駐で安心のひと時を

栃 木県那須高原の標高450m地点に立地。オートキャンプに加え、余笹川沿いの川沿いサイト、広葉樹に囲まれた林間サイトを整備。場内は24時間管理人が常駐しており、ファミリー客も安心だ。冬は「いろりの小屋」で炭おこし、春はカタクリの花探索、夏は渓流釣りやホタル鑑賞、秋には栗拾いに焼き芋など、四季折々のアウトドア体験が可能で、露天風呂や貸切の家族風呂のほか、那須連山への登山やハイキング（閉山期間を除く）も楽しめる。予約はネットと電話より受付。

Data

住所　栃木県那須郡那須町大島字清水場 1031-1　TEL　0287-77-2370　料金　6,050円〜 7,150円／1サイトあたり　アクセス　東北自動車道那須高原スマート IC から車で約5分　URL　http://coccoland.com

---

通年営業

北軽井沢
スウィートグラス

09

オート　直火OK　売店　電源　レンタル
トイレ　風呂　コテージ　ペット

サービス充実の
ハイグレードキャンプ場

浅 間山北麓・北軽井沢の高規格キャンプ場。サイトは草原、林間、ガーデンから選択可能で、トランポリンや薪の直火炉、ハンモックポールつき（ハンモックは別途レンタル）のプランのほか、冬のツリーハウスキャビンなど、季節限定プランも。ソロキャンプ用サイトや愛犬とノーリードで過ごせるフリードッグサイトもある。カフェや食材も充実し、誕生日ケーキの注文もできるため記念日にもおすすめ。器材レンタルはコーヒーミルなど、キャンプ気分を盛り上げる品まで完備。予約は公式サイトおよび電話から。

Data

住所　群馬県吾妻郡長野原町北軽井沢 1990-579　TEL　0279-84-2512　料金　1,000円〜 7,500円／1サイトあたり　アクセス　上信越自動車道碓氷軽井沢 IC から車で約50分　URL　https://sweetgrass.jp/

ケニーズ・ファミリー・ビレッジ / オートキャンプ場

10

| オート | 直火OK | 売店 | 電源 | レンタル |
| トイレ | シャワー | コテージ | ペット |

キャンプインストラクター在駐で安心!

都 心から1時間というアクセスのよさからファミリーの利用が多く、豊富なレンタルやログハウスもあり、初めてのキャンプでも安心だ。名栗川を間近にひな鶏の丸焼きなど豪華なBBQが楽しめるほか、釣堀で釣ったマスは炭火焼きにできる。夏は天然プールが登場し、広場には遊具があるので親子で一緒に楽しめる。冬でもお湯が使えて便座も温かく、電源サイトや全エリアWi-Fiありと至れり尽くせり。近隣にムーミンバレーパークがあり、初夏はゲンジボタルが楽しみ。3か月前の1日から予約可。

Data

| 住所 | 埼玉県飯能市上名栗3196 | TEL | 042-979-0300 | 料金 | 2,400円〜34,000円/1サイトあたり(別途施設利用料金) | アクセス | 圏央道青梅ICから車で約30分/圏央道狭山日高ICから車で約40分 | URL | http://kfv.co.jp |

成田ゆめ牧場ファミリーオートキャンプ場

11

| オート | 直火OK | 売店 | 電源 | レンタル |
| トイレ | 風呂 | コテージ | ペット |

設営補助サービスもある牧場のキャンプ場

キ ャンプ場には草地が広がる緑豊かな環境。サイトはA〜Gまであり、電源の有無や立地などで分けられ、当日先着順で選べる。テント泊やBBQなどの用具レンタルのほか、設営補助サービスも。土曜は貸し切りサウナ営業、土日・祝日は薪や日用品の売店、日曜朝にはパンや牛乳販売など日替わり企画も。併設の牧場にはうさぎなどの小動物がいて、ふれあい体験などができるので、子どものいい思い出になる。キャンパーは牧場入場料割り引き。予約は3か月前からサイトと電話で受付。

Data

| 住所 | 千葉県成田市名木730-3 | TEL | 0476-96-1001 | 料金 | 大人2,100円、子ども1,050円/1サイトあたり | アクセス | 圏央道下総ICから車で約2分 | URL | http://yumebokujo.com/camp.html |

Fun Space 芦ノ湖キャンプ村 レイクサイドヴィラ

12

| オート | 直火OK | 売店 | 電源 | レンタル |
| トイレ | 風呂 | コテージ | ペット |

箱根・芦ノ湖畔の複合キャンプ場

富 士箱根伊豆国立公園内にある、箱根芦ノ湖畔唯一のキャンプ場。芦ノ湖と箱根の山々が広がる恵まれた環境と都心からの良好アクセスが特長。キャンプサイトはテントサイト、オートキャンプサイトに加え、ケビン棟も完備。テントは持参必須だが炊事用具はレンタルあり。1日1組限定でキャンプファイヤーも予約受付中。日帰り温泉や芦ノ湖と合わせて、旅行の計画を練ることも可能。予約は県外在住なら6か月前の1日から、神奈川県内在住・在勤なら1年前の1日から。

Data

住所	神奈川県足柄下郡箱根元箱根 164	TEL	0460-84-8279
料金	4,500 〜 13,500 円／オートキャンプサイト 1 サイトあたり	アクセス
東名高速道路御殿場 IC から車で約 30 分	URL	http://campmura.com

Foresters Village Kobitto 南アルプスキャンプフィールド

13

| オート | 直火OK | 売店 | 電源 | レンタル |
| トイレ | 風呂 | コテージ | ペット |

13,000 坪の広大な自然をゆっくり味わう

南 アルプスの麓に広がるキャンプ場。周りを囲む緑の大自然と、そばを流れる石空川のせせらぎが体の芯から癒してくれる。13,000 坪もの広大な敷地ながら、宿泊は 1 日 37 組限定という贅沢さで、テントサイトのほか、3 タイプのログキャビン（別途ペット可のドッグキャビン）、シンプル・清潔・使い勝手の良さを重視したサニタリーも完備されており、キャンプ初心者でも安心。ゆったりとした時間を家族で過ごせる魅力的なキャンプ場だ。

Data

| 住所 | 山梨県北杜市武川町柳澤 3802 | TEL | 0551-45-6729 | 料金 |
| 2,750 〜 15,400 円／ 1 サイトあたり | アクセス | 中央自動車道須玉 IC より車で約 20 分 | URL | https://www.kobitto-camp.com |

4/11 ～
12月末

オートリゾートパーク・ビッグランド

14 ——————————————————————————

| オート | 直火OK | 売店 | 電源 | レンタル | トイレ | 風呂 | コテージ | ペット |

アルプスの名水が流れトレーラーハウスも完備

南 アルプス甲斐駒ケ岳の麓のキャンプ場。木漏れ日が心地よく、地面は砂地で水はけがよく使いやすい。キャンプサイトは、オートキャンプ 65 サイトに加え、ログキャビン 5 棟、29ft と 35ft の本格的な米国製トレーラーハウスを用意。グランピングのような豪華さを求めるなら、トレーラーハウスがおすすめだ。ソロキャンプを楽しむ人も多い。白州町は「名水の里」として知られ、日本酒の蔵元「七賢」があるほか、ミネラルウォーターの工場も林立するほど良質でおいしい水に恵まれた土地だ。場内の風呂はあるが、周辺にはさまざまな温泉が多数あり、工芸村や牧場などの施設も点在しているため、観光にも事欠かない。四季を通じて楽しめるが、川遊びの出来る夏は特に人気。また、フルーツ王国山梨だけあって、4 月中旬～ 10 月下旬にかけてはフルーツ狩り目当てのお客も多い。紅葉を楽しみながら、秋には焚き火や薪ストーブファンが多く訪れる。

Data —————————

| 住所 | 山梨県北杜市白州町大坊 1131 | TEL | 0551-35-4518 | 料金 | 5,300 ～ 6,800 円／ 1 サイトあたり | アクセス | 中央自動車道須玉 IC から車で約 20 分 | URL | http://bigland.co.jp |

山梨県 通年営業

PICA 富士吉田

15

オート | 直火OK | 売店 | 電源 | レンタル
トイレ | 風呂 | コテージ | ペット

多彩なキャンプスタイルが選べる！

河 口湖 IC から約 8 分とアクセス良好で富士山にも近いため、首都圏からのレジャーに最適。キャンプサイトは、テントヴィラ 5 棟、電源つきサイト 19、トレーラーキャビン 2 棟、ドッグガーデンキャビン 4 棟、コテージ 38 棟など多彩。モンゴル遊牧民の移動式住居「ゲル」を模したマッシュルームパオ（10 棟）がユニークで、子どもは大はしゃぎ。何を用意すればいいのかわからない初心者でもキャンプを楽しめるプランや、食材の準備いらずの BBQ プランなどがあり、キャンプ入門にぴったり。3 か月前から予約可。

Data

住所 山梨県富士吉田市上吉田 4959-4 | TEL 0555-30-4580（PICA ヘルプデスク） | 料金 2,300 ～ 9,000円／ 1 サイトあたり | アクセス 中央自動車道河口湖 IC から車で約 8 分 | URL https://www.pica-resort.jp/yoshida/

画像提供：Natsu.

Data

住所 長野県下伊那郡売木村 2653-3 | TEL 0260-28-2455 | 料金 5,300 ～ 6,300 円／ 1 サイト | アクセス 中央自動車道天龍峡 IC から車で約 1 時間 20 分 | URL https://www.hoshinomori.jp/

長野県 4/1 ～ 11月下旬

南信州広域公園うるぎ星の森オートキャンプ場

16

オート | 直火OK | 売店 | 電源 | レンタル
トイレ | 風呂 | コテージ | ペット

満天の星が訪れる夜も楽しみのひとつ

標 高 1,200 m 地点にあるため、夏でも気温・湿度ともに快適で過ごしやすい。日中は四季折々の景色、夜は満天の星を見られる。キャンプサイトは、個別サイト（電源あり・なし）、広場サイト、キャビンサイト、大型キャビンサイト、GAKU（岳）キャビンサイトなど。大型遊具やアスレチックなども併設されているので、子どもをたくさん遊ばせれば夜はぐっすり眠ってくれて、パパやママは夫婦水入らずで楽しめる。ハイシーズンの夏休み全期間と週末は利用制限をするので、予定が決まったら早めに予約を。

4月下旬〜
11月中旬

パスカル清見
オートキャンプ場

17

| オート | 直火OK | 売店 | 電源 | レンタル |
| トイレ | シャワー | バンガロー | ペット |

清流と大自然に囲まれて
穏やかなひと時を

キャンプサイト周辺を流れる馬瀬川のせせらぎに包まれながら、ゆったりとした時間を過ごすことのできるキャンプ場。四季折々の花木が茂り、春にはイワツツジ、夏にはササユリなど、風情のある景色を楽しむこともできる。期間限定で馬瀬川での「砂金採り体験」やイワナの「つかみ取り体験」、「気球の搭乗体験」など、子ども連れの家族にもうれしいイベントが企画されていることも魅力だ（各種要予約）。テントサイトには区画ごとに電源があり、24時間無料で使用できる洗濯機は初心者も安心だ。

Data

| 住所 | 岐阜県高山市清見町大原 979-38 | TEL | 090-5865-5319 |
| 料金 | 5,100 円／ 1 サイトあたり | アクセス | 東海北陸自動車道郡上八幡 IC |

から車で約 40 分 | URL | https://camp.hidayume.com/

3月中旬〜
11月末

椛の湖
オートキャンプ場

18

| オート | 直火OK | 売店 | 電源 | レンタル |
| トイレ | 風呂 | コテージ | ペット |

水と森のタイアップ空間

の湖に隣接し、水と木々が織りなす景色の中で湖畔キャンプが楽しめる。キャンプサイトは65区画（電源は 1 日 1,050 円で貸し出し可能）、ウッディハウス 5 棟、トレーラーハウス 4 棟など。バーベキューハウスは屋根つきなので雨が降っても安心だ。屋外のレジャー施設も充実しており、テニスコートや魚釣り、森林浴、野鳥観察などができる。場内にはコウヤマキ風呂（1 回の入浴で、大人 420 円、子ども 210 円）もあるので、本格的な装備がなくとも、気軽な一泊旅行気分でリラックスするのに最適。予約状況はサイトで随時公開。

Data

| 住所 | 岐阜県中津川市上野 589-17 | TEL | 0573-75-3250 | 料金 |

AC つき：6,940 円、AC 無：5,890 円／ 1 サイトあたり | アクセス | 中央自動車道中津川 IC から車で約 40 分 | URL | http://hananoko-camp.jp/

奥飛騨温泉郷 オートキャンプ場

4月上旬〜 11月中旬

19

| オート | 直火OK | 売店 | 電源 | レンタル |
| トイレ | 風呂 | コテージ | ペット |

奥飛騨の山を眺めながら 露天風呂で休息

奥 飛騨の山々に囲まれ、清流の流れと澄み切った空気の中でキャンプが楽しめる。場内には天然の露天風呂があり、無料でいつでも何度でも入れる。オートキャンプサイトは全部で175あり、3つのエリアに分かれている。ファミリーやグループ、ソロキャンプなど、用途や予算、立地の好みに応じて使い分けられる。MTB やキックスケーターのレンタル、釣り堀でのニジマス釣など、滞在中のレジャーも充実。初夏はホタルが見られることも。電話、FAX、公式サイトで予約可能。条件は公式サイトで要確認。

Data

| 住所 | 岐阜県高山市奥飛騨温泉郷田頃家 11-1 | TEL | 0578-89-3410 |
| 料金 | 4,000 〜 5,500 円／ 1 サイト | アクセス | 中部縦貫自動車道高山 IC から車で約 1 時間 15 分 | URL | https://www.okuhida-camp.com/

通年営業

志摩オートキャンプ場

20

| オート | 直火OK | 売店 | 電源 | レンタル |
| トイレ | シャワー | キャビン | ペット |

海水浴もキャンプも 楽しみたい欲張り派に

徒 歩 3 分のところにある阿津里浜は、水の透明度が高く、海水浴や水遊びに最適。海水浴とキャンプを同時に楽しみたい欲張り派におすすめだ。キャンプサイトは、電源設備つきのキャンプサイトが 36 区画、電源設備なしが 10 区画で、そのうち 25 区画がペットの同伴が OK。宿泊施設は、バンガロー 5 棟、ロフトつきバンガロー 3 棟、キャンピングハウス 5 台とスタイルに応じたアウトドアが楽しめる。GW・夏休み・年末年始などはハイシーズン期間以外は有料でアーリーチェックイン・レイトチェックアウトのサービスも。

Data

| 住所 | 三重県志摩市志摩町越賀 2279 | TEL | 0599-85-6500 | 料金 | 4,000 〜 7,000 円／ 1 サイト | アクセス | 伊勢自動車道伊勢西 IC から車で約 60 分 | URL | http://www.azuri.jp

マイアミ浜
オートキャンプ場

滋賀県 | 通年営業

21

`オート` `直火OK` `売店` `電源` `レンタル`
`トイレ` `風呂` `コテージ` `ペット`

全サイト水道・電源完備の
高規格キャンプ場

南 琵琶湖を一望する絶好のロケーションにある高規格キャンプ場。波の音を聴きながら過ごせば心身ともにリラックス。キャンプサイトは3種類あり、すべてのサイトに水道と電源がついてるのでキャンプデビューに最適。テント泊には不慣れな人は、4種類のキャビンを選べば不便なく快適に過ごせる。大人はテニスコートやグランドゴルフなどのスポーツ、子どもはふれあい動物園やアスレチックなど多様なレジャーが楽しめる。人気のプランから予約が埋まるので、公式サイトから情報を随時チェック。

Data

| 住所 | 滋賀県野洲市吉川 3326-1 | TEL | 077-589-5725 | 料金 |
3,600〜8,350円／1サイト（Aサイト） | アクセス | 名神高速栗東 IC から車で約40分 | URL | http://maiami.info/

岡山県 | 通年営業（不定休）

西山高原キャンプ場

22

`オート` `直火OK` `売店` `電源` `レンタル`
`トイレ` `風呂` `コテージ` `ペット`

四季折々に場面が変わる
風光明媚な自然

岡 山県と広島県の県境、標高450mの西山高原に位置するこのキャンプ場では、山間に広がる備中湖と、山並みにかかった雲海の2つの絶景を味わうことができる。朝方に現れる、雲海とそこから出てくる朝日とのコントラストは息を飲んでしまうほど美しい。季節ごとに新緑や紅葉に囲まれながら、四季折々に変化するこのキャンプ場で過ごす時間は、平時には得難い貴重な体験となる。手頃な価格ながら、温水洗浄便座付きの洋式トイレが設置されているほか、各サイトにAC電源もついているため、キャンプ初心者にも安心だ。

Data

| 住所 | 岡山県高梁市備中町西山 1314-1 | TEL | 0866-45-3633 |
| 料金 | 1,100〜2,200円／1サイトあたり | アクセス | 中国自動車道東城 IC から車で約30分 | URL | https://www.nishiyamakougen.org/

広島県 〔3月〜12月〕

備北オートビレッジ

23

`オート` `直火OK` `売店` `電源` `レンタル`
`トイレ` `風呂` `コテージ` `ペット`

幅広い年齢層向け
高規格五つ星キャンプ場

日 本オートキャンプ協会（JAC）五つ星認定。その評価通りに、場内には子どもの水遊び場（夏季限定）やピザ釜などがあり、宿泊管理センターで入浴やキャンプ用品が借りられるなど、サービス充実。公園内に立地するため、キャンプ設備以外にBBQ、花畑、グラウンドゴルフ、大型遊具なども利用可能だ。オートキャンプは72サイトあり、普通車、キャンピングカー、フリーの3種類から選べる。また19棟あるコテージのうち2棟はバリアフリーだ。宿泊もレジャーも充実しており、子どもも高齢者も過ごしやすい。予約は3か月前から。

Data

| 住所 | 広島県庄原市上原町1300番地 | TEL | 0824-72-8800 |
| 料金 | 1,570〜4,190円／1サイトあたり | アクセス | 中国自動車道庄原IC |

から車で約10分　URL http://bihoku-park.go.jp

徳島県

〔通年営業〕

四国三郎の郷
（徳島県立美馬野外交流の郷）

24

`オート` `直火OK` `売店` `電源` `レンタル`
`トイレ` `風呂` `コテージ` `ペット`

清流・吉野川に臨む
総合アウトドアの殿堂

南 に吉野川、北に阿讃山脈と、自然に囲まれたロケーション。広場サイトを含めて計70サイトを備え、45サイトはAC電源あり。ランドリーやシャワー、バリアフリートイレを備えたサニタリーハウスやBBQハウスも魅力。夜は美しい星空が見られ、天体望遠鏡の貸し出しも行っている。隣接する美馬市立ふれあい広場では野球やサッカーなどのスポーツもが楽しめる。温泉やスーパーまでクルマで5分と、レジャーや買い物にもアクセス至便。不定期開催の産直市も開催。3か月前の1日から電話や公式サイトで予約可。

Data

| 住所 | 徳島県美馬市美馬町字境目39-10 | TEL | 0883-55-2002 |
| 料金 | 1,030〜6,280円／1サイトあたり | アクセス | 徳島自動車道美馬IC |

から車で約10分　URL http://mimacamp.jp

大分県 通年営業 （12/28 〜翌 1/3 休）

九重グリーンパーク 泉水キャンプ村

25

| オート | 直火OK | 売店 | 電源 | レンタル |
| トイレ | 風呂 | コテージ | ペット |

火山地形を感じつつ露天風呂でくつろぐ

阿 蘇山と九重連山の火山地形を中心とする「阿蘇くじゅう国立公園」に立地。到着までの道中は、ドライブやツーリングの定番「やまなみハイウェイ」で雄大な自然を感じられる。設備はテントサイト、オートキャンプサイトだけでなく、大・中・小ロッジやミニバンガローも。中型ロッジは 43 棟あり、広々としておりファミリーに人気。一部ロッジには畳敷きの部屋があり、和風の趣が落ち着く。温泉王国・大分らしく、場内には豊富な湯量を誇る温泉露天風呂がある。繁忙期には売店も営業。予約は2月〜6月までは年始明け、7月〜1月は5月の連休明けより電話にて受付。

Data

| 住所 | 大分県玖珠郡九重町大字田野204-1 | TEL | 0973-79-3620 | 料金 |
2,700 円／ 1 サイトあたり（入村料・入浴料込） | アクセス | 大分自動車道九重 IC から車で約 25 分 | URL | http://town.kokonoe.oita.jp/docs/2017011900029/

熊本県 4月〜 10月

瀬の本レストハウス

26

| オート | 直火OK | 売店 | 電源 | レンタル |
| トイレ | 風呂 | コテージ | ペット |

牧歌的な阿蘇の大自然を満喫

熊 本県湯布院と大分県宮町をつなぐ「やまなみハイウェイ」の中間地点、阿蘇北外輪山に位置する瀬の本レストハウス。キャンプ場の周辺を牧歌的な風景が囲んでおり、レンタルスポーツバイクにより、サイクリングを楽しめる。付近には阿蘇の源泉を引き入れた黒川温泉もあり、温泉好きにもたまらない。ドライブインに併設されたキャンプ場という性質上、売店やガソリンスタンドのほか、コンビニ、カフェ、展望レストランが設置されており、キャンプ初心者にとっても安心な設備が整っている。

Data

| 住所 | 熊本県阿蘇郡南小国町瀬の本高原 | TEL | 0967-44-0011 | 料金 |
4,000 〜 5,000 円／ 1 サイトあたり | アクセス | 大分自動車道湯布院 IC から車で約 50 分 | URL | https://rest.senomoto.com/

宮崎県

通年営業

ひなもりオートキャンプ場

27

オート | 直火OK | 売店 | 電源 | レンタル | トイレ | 風呂 | コテージ | ペット

源泉掛け流し温泉と MTB ツーリングも楽しめる

日本オートキャンプ協会四つ星認定の高規格キャンプ場。併設の「ひなもり台県民ふれあいの森」も利用可能で、ゆったり森林浴もいい。近隣に源泉掛け流しの「神ノ郷温泉」、日本最深の火口湖「御池」、バターやソーセージづくりができる「高千穂牧場」、「霧島神宮」など、人気観光スポットへのアクセスも容易。宿泊は広場サイト、キャンピングカーサイトに加えてグループサイトやトレーラーハウス、キャビンなど。ユーザー目線でのレンタルサービスも手厚く、事前に予約が必要なテントとタープ以外はすべて当日レンタル可能。ゆったりと過ごしたい人は「アーリーチェックイン / レイトチェックアウト」を利用すれば午前 10 時からのチェックイン、午後 3 時までのチェックアウトが可能（11 月から 3 月までの冬季限定で要予約）。キャンプ利用者は「湯の元温泉」と「極楽温泉」の割引あり。「神ノ郷温泉」は、予約すれば貸し切り風呂の割引券がつく。

Data

住所 宮崎県小林市細野字山中之前 5739-14　TEL 0984-23-8100　料金 1,400 ～ 14,600 円（各サイト、トレーラーハウスまでを含めた料金）
アクセス 宮崎自動車道小林 IC・高原 IC から車で約 20 分　URL http://hinamori.jp

キャンプの
ルール＆マナー

キャンプのルールやマナーを知っていて、それを破る人は意外と少ないもので、
マナー違反をしている人は、キャンプのマナーを知らない人がほとんどです。
知らぬ間にマナー違反をしていることがないよう、きちんとルールとマナーを身につけましょう。

無断キャンセルは厳禁

キャンプ場の予約を複数取って、直前に行きたいキャンプ場を決め、ほかのキャンプ場は連絡をせずにキャンセル。こんな予約を裏技であるかのように得意な顔をして行っている人がいるようですが、絶対にしてはいけないルール違反です。

当日に連絡しないでキャンセルすれば、キャンプ場はお客さんに何かあったのかと思って心配するし、き

ちんとキャンセルをすれば、その日に予約を取れた人もいたはずです。

キャンセルをする場合はきちんと連絡をし、キャンセル料が発生する場合は、キャンプ場の規定に従って支払いましょう。

また、渋滞などでチェックインの時間が遅れそうなときも、キャンプ場に連絡を入れておきましょう。

キャンプ場のルールをしっかりと確認

キャンプ場に着いてチェックインをする際、ほとんどの場合、キャンプ場のルール説明を受けます。外出可能な時間、ゴミの分別方法、消灯時間、チェックアウトの時間など、キャンプ場によってさまざまなので、きちんと確認しておくと、トラブルが防げます。

とくに注意したいのが、キャンプ場内の制限速度です。キャンプ場にはたくさんの子どもが遊んでいて、

そこをクルマで通行することになります。子どもが飛び出してくる可能性もあるので、絶対に一般道を走るような気分で走行してはいけません。制限速度はキャンプ場によって異なりますが、およそ 5 ～ 10km/h。制限速度が決められていないところでも、走っていて直ちに止まることができる " 徐行 " が原則です。

区画からはみ出さない設営を

区画されたキャンプサイトでは、その区画内にテントやタープをレイアウトするのはもちろん、クルマも駐車します。

ですから、クルマを通路に駐車したり、タープのロープをはみ出して設営するのもNGです。ほかのクルマの通行の妨げになったり、ほかのキャンパーがロープやペグにつまずいて転んでしまう可能性もあります。「少しぐらいならいいや」はマナー違反です。

ほかの人のサイトは通らない

炊事棟やトイレへ行くときに、通路を歩くと遠まわりだからと、他人のサイトを横切る人を見かけますが、これはもちろんマナー違反。とくに子どもがこのようなことをしているケースが多いので、あらかじめ親が教えておくようにしましょう。

ほかのキャンパーの迷惑になるだけでなく、ロープに足を引っかけたり、焚き火に触れてケガをする恐れもあります。

共用設備はマナーよく利用しよう

トイレや炊事棟など共用設備は、きれいに使うのがマナー。とくに炊事場に残飯を流してそのままにしたり、飲み物を冷やすために蛇口を独占したりするのは、ほかのキャンパーの迷惑になります。

また、洗ったものの水切りをするために、炊事場に食器やクッカーを置きっぱなしにする人もいます。他人の迷惑になるのはもちろん、盗難にあう可能性もあるので、洗ったらすぐに持ち帰りましょう。

夜は大声を出して騒がない

キャンプ場には「消灯時間」「クワイエットタイム」と呼ばれる時間があります。それは話し声やランタンの明かりを小さくする時間のこと。キャンプ場の夜は意外と早いので、遅くまで大きな声で宴会をしていては、まわりに迷惑をかけてしまいます。

キャンプ場によっては、あまりうるさいと即刻退場という厳しいキャンプ場もあるので、十分に気をつけて楽しみましょう。

花火がOKでもまわりに気を遣って

ほとんどのキャンプ場では、打ち上げ花火を禁止していますが、手持ち花火はOKです。しかし、禁止されていないからといって、煙がたくさん出る花火をサイトで楽しむのはマナー違反です。

遊んでいる人は楽しいかもしれませんが、隣のサイトは煙やにおいで迷惑してしまいます。隣のサイトが近くて迷惑をかけそうな場合は、他にできる場所があるか管理人さんに相談してみましょう。

来たときよりもキレイにして帰ろう

サイトを撤収して帰る際は、忘れ物がないかどうかを確認するのと同時に、ゴミが落ちていないかも確認しましょう。

自分の落としたゴミはもちろん、そうでないゴミであっても拾って、サイトをきれいにして帰りましょう。そうすれば、次にサイトに入るキャンパーも気分がいいし、サイトをキレイにした自分たちも気持ちよく帰れるというものです。

協力

コールマン ジャパン
株式会社

アメリカ発祥のアウトドア用品メーカー。『アウトドアで「家族」「仲間」「自然」が触れあうことで生まれる心のつながりを大切にします』をビジョンに掲げ、アウトドアの生活をより楽しめる製品を世に送り出す活動を行っている。全国各地に取扱店舗を持つほか、ビギナーでも楽しめるイベント「コールマンキャンプカレッジ」などを多数開催（イベント情報：https://www.coleman.co.jp/events）。

ホームページ：https://www.coleman.co.jp

Staff

編集協力
木村伸司、千田新之輔（株式会社 G.B.）

本文デザイン
別府拓、市川しなの（Q.design）

イラスト
かざまりさ

DTP
G.B.Design House

執筆協力
牛島義之

撮影
中根祥文、中島真一

レシピ協力
みなくちなほこ

制作協力
COLEMAN CAMP COLLEGE 2019.9.21 〜 9.23
参加の皆様
sotosotodays

編集担当
柳沢裕子（ナツメ出版企画株式会社）

今すぐはじめたい人の
キャンプ完全バイブル

2020年4月3日　初版発行

協　力　　コールマン ジャパン株式会社　Coleman Japan co.,ltd.

発行者　　田村正隆

発行所　　株式会社ナツメ社
　　　　　〒101-0051　東京都千代田区神田神保町1-52　ナツメ社ビル1F
　　　　　電話　03-3291-1257（代表）
　　　　　FAX　03-3291-5761
　　　　　振替　00130-1-58661
制　作　　ナツメ出版企画株式会社
　　　　　〒101-0051　東京都千代田区神田神保町1-52　ナツメ社ビル3F
　　　　　電話　03-3295-3921（代表）
印刷所　　広研印刷株式会社

ISBN978-4-8163-6814-1　　　　　　　　　　　　　　　　　　Printed in Japan